NOUVEAU COURS
DE PHILOSOPHIE,

RÉDIGÉ

D'APRÈS LE NOUVEAU PROGRAMME

DE PHILOSOPHIE,

POUR LE BACCALAURÉAT ÈS-LETTRES,

Par M. E. GÉRUZEZ,

PROFESSEUR AGRÉGÉ DE L'ACADÉMIE DE PARIS.

PARIS,

DE L'IMPRIMERIE D'AUGUSTE DELALAIN,

LIBRAIRE, rue des Mathurins-St.-Jacques, n°. 5.

M DCCC XXXIII.

Les Exemplaires exigés par les lois ont été déposés à la Bibliothèque royale et à la Direction de l'Imprimerie.

Toute contrefaçon de cet Ouvrage sera poursuivie conformément aux lois.

Tous les Exemplaires sont revêtus de ma griffe.

Auguste Delalain

PHILOSOPHIE.

INTRODUCTION.

I.

Objet de la Philosophie. — Utilité et importance de la Philosophie. — Ses rapports avec les autres sciences.

Objet *de la Philosophie.*

L'objet de la philosophie a toujours été la recherche des principes ; dans cette poursuite, l'esprit humain s'est élevé de la connaissance des faits à celle des causes, il a passé des phénomènes qui frappaient son intelligence, à la substance dont ils étaient l'apparence sensible. Dans l'origine, la philosophie, avant de chercher le principe de l'esprit humain, a tenté d'expliquer le monde. Cette marche était naturelle, puisqu'avant de se replier sur elle-même, l'intelligence de l'homme a dû être absorbée dans la contemplation de la nature. Le spectacle de l'univers, qui se déployait devant ses yeux, appelait les premiers développemens de son activité ; aussi voit-on partout que la philosophie à son début prend pour objet l'explication du système du monde. Thalès et Pythagore, qui en sont les premiers représentans, ont tous deux tenté d'expliquer le système général de l'organisation du monde ; ils ont essayé de remplacer la cosmogonie religieuse par une cosmogonie scientifique. Si leurs efforts eussent été heureux, le premier pas de la philosophie marquait le terme de sa course, car le mot de l'univers aurait donné celui de l'humanité. Mais il n'en fut rien. Plus tard, l'esprit humain se replia sur lui-même, et chercha dans l'étude de sa nature propre la solution du problème de la philosophie. Il fut à lui-même son point de départ, et dès-lors sa marche moins hardie en fut plus assurée. Depuis Socrate, l'homme a cherché dans la connaissance de lui-même le secret de sa nature, et l'histoire de la philosophie n'a été que le développement plus ou moins heureux, plus ou moins incomplet de l'inscription placée au fronton du temple de Delphes : γνωθι σεαυτόν. L'objet de la philosophie est donc la connaissance de l'homme, comme introduction à celle du monde : c'est sur ce point que s'agite la pensée humaine, qui est tout ensemble l'instrument et le but de la philosophie. Le dernier mot de la science dévoilera le secret de Dieu, en donnant raison au bon sens.

Utilité et importance de la philosophie.

L'utilité et l'importance de la philosophie ressortent de son objet même. Si l'homme se fourvoie dans sa marche, s'il se consume en efforts impuissans, s'il s'égare dans de folles conceptions, en un mot, si l'erreur et le vice corrompent son intelligence et son cœur, c'est qu'il ne connaît ni les limites ni la portée de ses forces. En exagérant sa puissance ou sa faiblesse, il devient par témérité ou par fausse terreur le jouet des forces qui l'entourent ; s'il agissait dans le cercle de sa force réelle, il y régnerait, tandis qu'il se perd ou s'avilit lorsqu'il s'élance au-delà ou qu'il reste en-deçà de son but. C'est à la condition de se connaître qu'il peut faire de sa liberté un emploi légitime ; s'il connaît tous les ressorts de la sensibilité, la portée de son intelligence et les limites de sa liberté, il dirigera les puissances de son âme conformément à sa nature ; il éclairera les mouvemens de la sensibilité par les lumières de la raison, et il limitera sa liberté dans l'exercice de ses facultés. Il y a cela d'admirable dans la philosophie, qu'elle est tout à-la-fois une science de théorie et de pratique, qu'elle agit sur les pensées comme sur les actions qui sont la traduction matérielle de l'intelligence ; elle donne à l'homme la conscience de sa grandeur et de ses misères, et elle ennoblit ses misères mêmes en les rattachant à leur principe.

Ses rapports avec les autres sciences.

La philosophie étant, dans son acception la plus générale, la science des principes de l'esprit humain et de la nature, il est évident qu'elle se rattache à toutes les autres sciences et qu'elle les domine ; ou plutôt les autres sciences ne sont que les rameaux de l'arbre immense dont la philosophie est le tronc ; elles tiennent toutes à la philosophie par ce qu'elles ont de plus noble, par leurs principes. Les faits dont elles se composent forment le corps, ou, si l'on veut, la chair de la science, mais ils n'ont point de vie, pris isolément ; ce qui les vivifie, ce sont les principes qui les unissent : or, l'enchaînement de ces principes, c'est précisément la philosophie des sciences ; la philosophie n'est donc pas seulement la science suprême, elle est l'âme de toutes les sciences : aussi une science n'est vraiment complète que par la philosophie. L'histoire, par exemple, qui n'a été long-temps qu'un catalogue de faits ou une fantasmagorie, ne s'est élevée au rang de science que du jour où l'on a cherché et découvert la loi qui préside à la succession des faits. La grammaire est une science en tant que grammaire générale, lorsqu'elle établit les lois du langage ; elle ne mérite pas ce nom, lorsqu'elle se borne à enregistrer les faits et à les juxta-poser : une bonne grammaire générale ne portera pas d'autre nom que celui de philosophie de la grammaire.

II.

Des Méthodes différentes qui ont été suivies jusqu'ici dans les recherches philosophiques. — De la vraie Méthode philosophique.

Des Méthodes différentes qui ont été suivies jusqu'ici dans les recherches philosophiques.

L'histoire des méthodes philosophiques ne serait rien moins que l'histoire même de la philosophie ; car la méthode engendre le système, le système est l'expression de la méthode, puisque le but que l'on atteint est le terme de la marche que l'on a suivie.

Le point de départ et la direction étant donnés, on peut *à priori* assigner le terme de la route, le point d'arrêt de la méthode ou le système.

La philosophie a pris naissance le jour où la réflexion s'est portée sur les données de la conscience, des sens et de la raison, pour les éclaircir et pour les expliquer.

Les premiers philosophes ont dû tenter d'abord d'expliquer l'énigme de la nature. L'esprit, avant de se replier sur lui-même, devait s'attaquer d'abord à l'objet de ses connaissances. Le spectacle qui se déploie aux regards de l'homme, les forces merveilleuses qui le pressent de toutes parts, et qui éveillent et alimentent l'activité de son intelligence, appelaient naturellement les premiers efforts de la réflexion ; aussi la philosophie, à son début, a-t-elle été physique et non psychologique : ce n'est pas le problème de l'âme, mais celui du monde qu'elle s'est posé.

De la vraie Méthode philosophique.

Mais quelle marche la philosophie a-t-elle suivie pour arriver à la solution du problème ? A-t-elle d'abord décomposé le tout en ses parties, pour le reconstruire ensuite par la science : elle ne le pouvait point. Une analyse complète ne saurait être le premier essai de la pensée ; aussi ne pouvant tout décomposer, elle s'est bornée à une analyse partielle, suivie d'une synthèse égale à l'analyse, et, par l'hypothèse, elle a étendu au tout ce qu'elle ne pouvait légitimement appliquer qu'à la partie. C'est ainsi que Pythagore, qui substitua le nom de philosophe à celui de sage que prenaient ses devanciers dans la recherche de la vérité, analysa le nombre, en saisit les rapports divers, et étendit au système du monde les lois que cette analyse lui avait révélées. Les mathématiques furent son point de départ, sa méthode fut l'analyse sur ce point unique, et l'hypothèse sur tout le reste. Thalès, plus physicien que géomètre, se livra spécialement à l'étude des forces de la nature; et frappé du rôle que l'eau joue dans la formation des corps, il trouva dans cet élément le principe de tous les êtres, l'agent universel de la création. Il procéda par une analyse incomplète, et généralisa par l'hypothèse l'explication qu'il avait tirée de l'observation d'un certain ordre de phénomènes : sa méthode ne différa point de celle de Pythagore, mais son point de départ était différent, et il aboutit à un système opposé.

L'école ionienne, fondée par Thalès, continua de chercher dans l'étude de la physique le principe des choses. Anaximandre de Milet, compatriote et disciple de Thalès, rapporta l'origine de l'univers à un principe éthéré qui remplit l'espace, et dont les diverses combinaisons forment l'ensemble des phénomènes naturels. Anaximène prit l'air pour premier principe, et il en fit sortir tous les êtres par la raréfaction et la condensation.

Anaxagore poussa plus loin l'analyse, et fit de l'hypothèse un usage plus discret; il conçut la cause première indépendamment des phénomènes qui la manifestent, et l'idée de Dieu telle qu'il la proposa, était si fort au-dessus de l'esprit grossier de ses contemporains, qu'il fut accusé d'athéisme.

L'école italique développa les idées de Pythagore, et préoccupée exclusivement des rapports et de l'harmonie des êtres, elle ne porta ses spéculations ni sur la substance ni sur la cause.

Dans la quatrième partie de ce traité, nous aurons

à nous occuper des travaux des différentes écoles philosophiques, et cet examen nous fera mieux connaître leur méthode. Mais pour caractériser, par une formule générale, la marche de la philosophie à son origine, nous dirons que, prenant la nature extérieure pour point de départ, elle a procédé par une analyse incomplète et une induction téméraire, pour aboutir à des systèmes exclusifs, idéalistes ou matérialistes, en raison des données de l'observation.

L'école d'Elée qui se divise en deux branches, l'une de physiciens, l'autre de métaphysiciens, présente le même caractère, même point de départ, même direction, mêmes écarts.

Ces écarts amenèrent le scepticisme des sophistes, combattu par Socrate, qui donna une base nouvelle à la philosophie, en portant l'observation sur l'homme même qui devint le centre des études philosophiques.

Le point de départ fut changé, mais non la méthode. L'observation ou l'analyse de l'esprit humain, quoique profonde et consciencieuse ne fut pas complète; heureusement les premiers disciples de Socrate, imitant la prudence de leur maître, et avertis par la chute des systèmes des écoles ionienne, italique et éléatique, firent de l'induction un usage modéré, et laissèrent à peine entrevoir leurs systèmes.

Platon et Aristote portèrent l'observation sur les phénomènes de l'intelligence, et l'on ne saurait trop admirer la sagacité et la profondeur de leur analyse et la discrétion de leur synthèse. Platon s'occupa plus particulièrement des facultés supérieures de l'intelligence ; il constata ce qu'elle doit à sa nature propre, et les liens qui la rattachent à sa divine origine. Comme les sens ou la perception matérielle ne lui donnent ni la notion de l'infini, ni celle de la beauté, ni celle de la moralité, et que ces contemplations sublimes le tinrent toujours éloigné du monde des sens, ses disciples furent conduits par l'esprit de généralisation à prendre pour la totalité de l'intelligence les portions qu'il avait analysées, et cette vue exclusive donna naissance à des systèmes faux, parce qu'ils s'appuyaient sur une base trop étroite. Aristote, génie plus positif, porta sa sévère analyse sur les parties de l'intelligence que les sens alimentent, et cette direction, qui devint exclusive chez ses successeurs, enfanta naturellement des systèmes qui furent plus ou moins marqués du caractère de matérialisme.

L'école d'Alexandrie, dans laquelle vinrent se résoudre les divers systèmes nés de cette double direction, tenta de les concilier et de les fondre dans un système plus vaste ; mais elle n'a pas laissé de monument durable, soit que le génie ait manqué à ses représentans, soit que l'œuvre qu'ils entreprirent fût au-dessus de l'intelligence humaine.

La scholastique, qui fut le règne du syllogisme, n'eut d'autre méthode que la déduction ; et comme la théologie avait tracé le cercle dans lequel elle s'agitait, elle était d'avance condamnée à l'impuissance : le résultat de tous ses efforts fut d'obscurcir les vérités qu'elle prétendait éclairer des lumières de la raison, et de pousser jusqu'à une subtilité minutieuse et frivole la théorie du raisonnement et les procédés de l'argumentation. La scholastique laissa pour héritage, à la philosophie renaissante, des entraves qui en arrêtèrent long-temps la marche et les progrès.

Du quinzième au dix-septième siècle, le travail de la philosophie se borna à la restitution et à la paraphrase des systèmes de la philosophie grecque importée en Italie et en France par les fugitifs de Constantinople.

La philosophie moderne date de Bacon et de Descartes qui tracèrent les règles de la méthode. Ils proclamèrent tous deux que pour arriver à la science, il fallait observer avec soin, c'est-à-dire analyser, s'interdire toute hypothèse, et n'arriver à la synthèse que par un usage discret et légitime de l'induction.

Ainsi, pour nous résumer, nous dirons que la philosophie s'est égarée pour avoir assis ses systèmes sur une analyse incomplète, dont elle étendait les résultats à l'ensemble des faits matériels et immatériels, sur la foi d'inductions illégitimes et d'hypothèses téméraires ; et que pour marcher avec assurance et prévenir de nouveaux écarts, elle doit procéder par voie d'analyse jusqu'à ce qu'elle ait amassé assez de matériaux pour entreprendre une synthèse définitive, qui d'ailleurs naîtra d'elle-même quand le travail de l'observation sera complet.

III.

Division de la Philosophie. — Ordre dans lequel il faut en disposer les parties.

Division de la Philosophie.

Suivant Bacon la philosophie a pour objet la connaissance de l'homme, de la nature et de Dieu auteur commun de la nature et de l'homme. Son point de départ actuel c'est l'homme qui tient de Dieu par sa raison et de la nature par l'organisation, c'est-à-dire par les organes et les fonctions organiques. C'est donc l'homme que nous devons étudier : mais dans quel ordre entreprendrons nous cette étude? La connaissance du corps n'est pas l'objet de la philosophie, le corps n'est pas le moi, il en est l'instrument; c'est un système d'organes que la nature a mis à son service, mais qui ne le constitue pas. L'anatomie et la physiologie en font connaître les ressorts et les fonctions, et quoique la philosophie puisse s'éclairer des lumières de ces deux sciences, elle ne marche pas dans la même voie. L'âme ou le principe de la pensée est seule l'objet de la philosophie qui l'étudie en elle-même et dans ses rapports, dans son principe et dans ses développemens.

L'étude de l'âme considérée en elle-même, la description de ses états et de ses opérations, l'inventaire de ses connaissances et de ses facultés s'appelle psychologie (ψυχή, λέγω.)

La marche de l'intelligence, les procédés de l'esprit dans la recherche et la démonstration de la vérité, sont l'objet d'une autre partie de la philosophie, qui a reçu le nom de logique.

Les rapports de l'âme avec les forces semblables à elle, inférieures et supérieures, rapports qui déterminent ses devoirs à l'égard de ces forces sont l'objet de la morale et de la théodicée.

Ordre dans lequel il faut en disposer les parties.

L'ordre de ces différentes parties est déterminé par leur objet même. En effet, avant de considérer l'âme dans ses rapports, n'est-il pas naturel de l'étudier en elle-même; ne faut-il pas connaître sa nature avant d'aborder les rapports que cette nature détermine?

L'âme étant connue dans sa nature, son essence, ses manières d'être et de connaître, ses opérations et ses facultés qui sont données par ses opérations, il sera facile de la suivre dans sa marche et dans ses développemens, et de déterminer avec précision les moyens de la diriger et de la fortifier. La psychologie sera donc le péristyle de la science, et la logique qu'on pourrait à la rigueur ne pas séparer de la psycologie, en sera le complément nécessaire.

L'âme et la méthode étant données, on pourra sans péril placer cette force en présence des forces rivales et des circonstances extérieures qui la modifient. Comment déterminer ce que l'homme doit à ses semblables, si vous ignorez ce qu'il est et par conséquent ce que sont les autres hommes? comment établir ce qu'il doit si l'on ne sait pas ce qu'il peut, car le devoir est en raison du pouvoir? d'ailleurs, quelle base donner à la morale, sinon la loi du devoir fournie par la psychologie? et ses rapports avec

Dieu, comment pourra-t-on les établir, si au préalable on n'a pas découvert au fond même de sa conscience la notion de Dieu et constaté ce qu'il a reçu de la source de toute vie? La théodicée a pour antécédent nécessaire la psychologie; car l'homme trouve Dieu dans le sanctuaire de l'âme, et ses devoirs envers l'Être Suprême ont pour mesure les bienfaits qu'il en a reçus.

La psycologie doit donc précéder la logique, et la morale avec la théodicée doivent prendre place après la psychologie sans laquelle elles manqueraient de base.

Quant à l'histoire de la philosophie, il est clair qu'elle ne serait qu'une nomenclature obscure, une énigme fatigante, si la science philosophique ne l'éclairait de son flambeau; la philosophie est le seul guide qui puisse diriger l'esprit dans le labyrinthe de l'histoire de la philosophie.

PSYCHOLOGIE.

IV.

Objet de la Psychologie. — Nécessité de commencer l'étude de la Philosophie par la Psychologie. — De la Conscience et de la certitude qui lui est propre.

Objet de la Psychologie.

La psychologie a pour objet de constater tous les phénomènes de l'âme et d'en découvrir la loi.

Ces phénomènes se constatent par l'observation

comme les phénomènes du monde physique ; mais le sens qui les saisit n'a point d'organe matériel comme les sens qu'on appelle physiques à cause des appareils organiques à l'aide desquels ils se font jour sur le monde extérieur, et à cause de la nature des objets que l'âme saisit par l'entremise de ces organes. Ce sens s'exerce intérieurement, c'est l'âme elle-même prenant directement connaissance de son propre état. La faculté que l'âme possède de se connaître elle-même ou la vue intérieure, se nomme conscience ou sens intime.

On a protesté contre l'observation intérieure en demandant comment l'âme pouvait se contempler, et en l'assimilant à l'œil qui peut tout voir excepté lui-même. C'est être dupe d'une métaphore que de prendre cette proposition pour un argument. D'ailleurs, l'œil ne voit pas plus les autres choses que lui-même, l'œil ne voit rien, il est organe et non sens, il sert selon le système qu'on adopte, ou à livrer passage à l'image du corps pour arriver à l'âme, ou à l'âme pour arriver au corps. Si l'impossibilité de connaître le *comment* de la vue intérieure était un argument valable contre cette vue même, il faudrait étendre la conclusion à la vue extérieure, car nous ne savons pas mieux comment nous voyons le dehors que le dedans. Nous verrons plus tard que cette impuissance de comprendre la vue de l'externe, a fait imaginer l'hypothèse des espèces intermédiaires que l'esprit verrait en lui-même ; mais si l'esprit ne peut voir le monde extérieur qu'en lui et qu'il ne puisse se voir, il s'en suit logiquement que toute vue est impossible : conclusion absurde mais inévitable, si au lieu de prendre le fait comme point de départ on entreprend de le discuter. Le comment de la vue intérieure est un problème insoluble, mais la vue intérieure n'en est pas moins un fait incontestable ; car non seulement le moi pense, sent et agit, mais il sait qu'il agit, qu'il sent et qu'il pense ; or, comment le saurait il s'il n'était pas doué d'un sens qui le met en rapport avec lui-même ?

Nécessité de commencer l'étude de la Philosophie par la Psychologie.

La psychologie doit être le début de la science philosophique. Avant tout, l'existence du moi est le seul fait que le doute ne puisse pas ébranler : tous les efforts du scepticisme échouent contre cette barrière. On peut bien ébranler dans l'esprit la croyance à Dieu et au monde extérieur ; mais jamais le moi n'arrivera à douter de lui-même, quelque bonne volonté qu'il y mette et quelle que soit la puissance des argumens qu'on lui oppose. L'existence personnelle est donc la base inébranlable, et par cela même le point de départ légitime de la science : je pense ; donc, j'existe.

En second lieu, puisque l'âme humaine est le principe de toute connaissance, et que c'est par elle que nous sommes en rapport avec la nature et avec Dieu, il faut, pour constater la légitimité des notions qu'elle contient, examiner ses titres à notre confiance ; et pour cela il est nécessaire de l'étudier dans ses opérations et dans ses divers états.

Il serait peu raisonnable de s'aventurer dans l'étude de la nature et de son principe, sans savoir au préalable si l'instrument de ces recherches peut conduire à la vérité.

En outre, l'âme unie au monde physique par les organes dont elle dispose, et par l'intelligence au monde invisible, tenant à tout, doit donner le secret de tout, si elle livre le sien.

L'étude de l'âme humaine doit donc précéder toute autre étude, puisque le moi est le fait primitif le moins incontestable et le plus facilement abordable, et que d'ailleurs le mot de cette grande énigme renfermerait celui de toutes les autres. Le secret de l'homme et de la nature est en Dieu seul, comme celui de Dieu et de la nature est dans l'homme ; connaître le tout d'une seule chose, ce serait connaître le tout de toute chose.

De la Conscience et de la certitude qui lui est propre

La conscience est, comme nous l'avons dit, le sens intime, la vue intérieure, c'est-à-dire la vue des phénomènes dont l'âme est le sujet.

On donne ordinairement le nom d'interne à tout ce qui est identique au sujet connaissant, et le nom d'externe à tout ce qui ne lui est pas identique. Ainsi, la connaissance, le sentiment ou l'émotion, et le mouvement de la volonté, sont des faits internes, des phénomènes psychologiques qui tombent sous la conscience : ces faits sont subjectifs ; les faits extérieurs, quelle qu'en soit la nature, matériels ou immatériels, physiques ou métaphysiques, sont objectifs. Ces mots d'objectif et de subjectif, que la langue philosophique paraît avoir adoptés, remplacent heureusement les noms d'interne et d'externe. On emploie aussi dans le même sens, le moi et le non-moi ; il y a donc synonymie rigoureuse entre ces mots, l'interne, le subjectif et le moi, comme entre l'externe, l'objectif et le non-moi : il faut remarquer toutefois que dans le fait de l'observation interne, l'objectif et le subjectif se confondent, puisque l'âme est en même temps le sujet observant et l'objet observé.

La certitude qui naît des faits de conscience est absolue, parce qu'elle résulte de l'identité du sujet et de l'objet. Descartes a dit, avec raison, autre chose est connaître et savoir que l'on connaît ; et l'on peut ajouter après lui, autre chose est sentir et savoir que l'on sent, vouloir et savoir que l'on veut ; mais l'être qui connaît, qui sent et qui veut, est aussi celui qui sait tout cela, et tout cela n'est pas et ne saurait être autrement qu'il ne le sait. Si la certitude pouvait être ébranlée dans le domaine de la conscience, elle serait vaincue dans son dernier retranchement : ce serait le triomphe complet du scepticisme.

Si l'on a essayé d'attaquer l'infaillibilité de la conscience, c'est qu'on lui a rapporté des faits qui ne lui appartiennent pas. La conscience ne trompe pas, elle constate fidèlement nos pensées, nos sentimens et nos volontés ; nous pensons, nous éprouvons, nous voulons réellement ce que la conscience atteste ; l'état de notre âme est tel qu'elle le voit et le proclame ; mais l'esprit va souvent au-delà de ce témoignage : alors ce n'est pas la conscience qui ment, c'est le jugement qui s'égare en rapportant le phénomène intérieur à un objet imaginaire, ou en prêtant aux objets extérieurs des qualités analogues aux sentimens ou aux perceptions de l'âme.

Si la conscience nous trompait, nous serions voués à d'incurables illusions, car il n'y a pas de recours possible contre elle ; la certitude qu'elle engendre est légitime et absolue, elle peut se traduire ainsi : je sens comme je sens, je sais comme je sais, je veux comme je veux. Il est évident que dans ces limites, la conscience est inattaquable ; si l'esprit se trompe, du moins ce n'est pas elle qui l'induit en erreur.

V.

Des Phénomènes de conscience, et de nos idées en général. — De leurs différens caractères et de leurs diverses espèces. — Donner des exemples.

Des Phénomènes de conscience, et de nos idées en général.

Les phénomènes de conscience, c'est-à-dire les phénomènes saisis par la conscience, se distinguent selon les objets qu'ils représentent, ou les principes dont ils manifestent l'action.

Le moi a conscience de ses émotions, de ses connaissances et de ses actes ; il s'apparaît à lui-même comme force sensible, intelligente et volontaire.

Mais la conscience ne témoigne pas seulement de nos facultés en général, elle atteste encore les divers phénomènes que produit le développement de l'exercice de nos facultés.

Ainsi, nous ne connaissons pas seulement notre sensibilité ; mais nous connaissons, par le sens intime, la douleur, le plaisir, la joie, la tristesse, l'amour, la haine, l'amitié, l'envie, le sentiment du beau ; le sentiment du juste et de l'injuste ; enfin tous les faits de la sensibilité physique, morale et intellectuelle.

Il en est de même pour l'intelligence ; la conscience ne nous montre pas seulement à nous comme force intelligente, mais comme comprenant et sachant telle ou telle chose ; elle constate l'existence et la connaissance du moi, et la connaissance du non-moi matériel et immatériel.

Nous dirons la même chose de l'activité spontanée ou libre ; nous savons par le témoignage du sens intime, notre mode d'activité et la mesure même de notre liberté.

La conscience constate la sensibilité et l'intelligence en présence des phénomènes qui les manifestent ; elle est muette pour l'avenir : mais elle constate la liberté ou le pouvoir de vouloir dans le repos même de cette faculté.

La sensibilité et l'activité entrent dans l'entendement par la conscience, qui constate les états et les opérations de l'âme.

L'âme est passive, lorsqu'on la considère dans ses états ; active, dans ses opérations. De là cette distinction entre la passivité et l'activité, qu'on appelle aussi réceptivité et productivité.

La notion de tout fait intérieur ou extérieur s'appelle idée.

Tous les faits nous sont connus dans leur existence,

dans leurs qualités et dans leurs rapports : l'existence, les qualités et les rapports sont donc objets d'idées.

De leurs différens caractères et de leurs diverses espèces.— Exemples.

Les idées se classent d'après leur objet, leur mode de formation ou leur nature.

Considérées dans leur objet, elles sont ou physiques, ou morales, ou métaphysiques; individuelles ou générales, contingentes ou nécessaires.

Considérées dans leur origine, elles sont sensibles, abstraites, factices ou adventices.

Considérées en elles-mêmes ou dans leur nature, elles sont claires ou obscures, complètes ou incomplètes, vraies ou fausses.

La plupart de ces dénominations s'expliquent d'elles-mêmes.

Les idées physiques sont celles qui ont pour objet le non-moi matériel; les idées morales ont pour objet les faits moraux, tels que les passions, les sentimens de l'âme; les idées métaphysiques sont celles dont l'objet ne tombe ni sous les sens, ni sous la conscience, telles que le temps, l'espace, la cause nécessaire.

Les idées individuelles sont celles qui ont l'individu pour objet; les idées générales représentent le genre ou l'espèce. Cicéron, Démosthène, Rome, sont des idées individuelles; homme, arbre, etc., sont des idées générales.

Les idées contingentes sont celles dont l'objet a pu être ou ne pas être; les idées nécessaires sont celles dont l'objet ne pouvait pas ne pas exister : le temps, l'espace, la cause, la substance, les axiomes de mathématiques.

On appelle idées sensibles, celles dont l'objet nous est connu par l'intermédiaire des sens; idées abstraites, celles qui sont le produit de l'abstraction; idées adventices, celles qui résultent de l'application directe de l'esprit à l'objet, celles qui nous arrivent toutes faites; idées factices, celles qui sont le produit d'un travail ultérieur et des combinaisons de la pensée.

Il est au moins inutile d'expliquer ce qu'on entend par idées claires ou obscures, complètes ou incomplètes, vraies ou fausses.

Ces divisions, tirées des divers aspects de la pensée, ont l'inconvénient de rentrer les unes dans les autres. Ainsi, une idée n'est pas exclusivement individuelle ou générale, elle est en même temps physique ou abstraite, factice ou adventice, etc.; elles appartiennent à une classe sous un rapport, et à une autre sous un autre rapport.

On distingue dans les idées l'étendue et la compréhension. L'étendue se dit du nombre d'individus compris dans le genre ou l'espèce, désignée par le mot qui exprime l'idée; la compréhension est l'élément ou la somme des élémens intellectuels qui composent l'idée. Ainsi, l'étendue de l'idée homme, c'est l'espèce humaine tout entière, et sa compréhension se compose des idées élémentaires de vie, d'intelligence, de mouvement, d'organisation, etc., dont l'ensemble constitue l'idée homme.

Nous retrouverons cette distinction au début de la logique, où elle nous sera de quelque utilité.

VI.

De l'origine et de la formation des idées. — Prendre pour exemples quelques-unes des plus importantes de nos idées.

De l'origine et de la formation des idées.

Les idées ou les connaissances de l'esprit ont pour origine l'activité de l'esprit mis en rapport avec les objets ; mais elles se forment diversement, selon la nature de ces objets.

Lorsque l'esprit se dirige sur lui-même, et qu'il connaît sa manière d'être et les divers phénomènes dont il est le sujet, il obtient cette connaissance par l'exercice d'un sens extérieur qu'on appelle conscience ou sens intime.

Si l'esprit se dirige sur le monde extérieur, et qu'il en saisisse les phénomènes, il le fait à l'aide des sens physiques ou de la perception externe.

L'esprit est doué de la double faculté de se contempler lui-même et de contempler le monde extérieur ; la vue de l'âme est interne et externe. La vue interne donne le moi, la vue externe donne le non-moi. L'âme ne se distingue pas de ses émotions, de ses idées ni de ses actes ; elle se distingue des causes extérieures de ses émotions, de ses idées et de ses actes.

Mais l'esprit ne connaît pas seulement le moi et le non-moi physique, c'est-à-dire les causes extérieures de ses sensations et de ses idées ; il connaît encore d'autres réalités objectives, qu'il ne saurait confondre ni avec lui ni avec le monde extérieur physique ; le temps, l'espace, le beau, le juste, l'absolu, le nécessaire, toutes ces notions qui ne sont ni le moi ni le non-moi physique, et qui cependant sont réelles, mais qui ne sont données ni par la conscience ni par les sens physiques, se rapportent à une faculté supérieure que l'on appelle raison.

C'est par l'exercice de ces trois facultés que l'esprit entre en possession de lui-même, et se met en rapport avec les réalités extérieures.

L'esprit se connaît dans le sentiment de son existence et de l'exercice de ses facultés. C'est par la conscience qu'il sait le comment de la vie psychologique. L'idée des facultés de l'âme a donc pour origine l'activité de l'esprit, et pour objet ces facultés elles-mêmes. Le sentiment et la connaissance sont simultanés et indivisibles ; si l'âme ne se sentait pas, elle ne se connaîtrait pas, et si elle ne se connaissait pas, elle ne se sentirait pas.

L'action des causes extérieures physiques éveille l'activité de l'esprit par le sentiment ; et l'esprit, averti de l'existence de l'objet par l'impression physique, se dirige sur cet objet même, et le connaît à l'aide des organes qui lui donnent jour sur le monde extérieur.

Le principe de la pensée se sent cause et substance, il puise dans l'observation intérieure ces deux notions fondamentales, et il les transporte au monde extérieur dont la connaissance lui est transmise par la perception physique : il applique la notion de cause à la succession des faits extérieurs, et celle de substance aux phénomènes physiques.

C'est à l'occasion de ces faits intérieurs et extérieurs, faits contingens, finis, relatifs, que la raison s'élève aux notions de l'infini, du nécessaire et de l'absolu. Ces faits sont la condition, la cause occasionelle de ces notions supérieures, mais ils n'en sont pas le principe; car pour en être le principe, il faudrait qu'ils les continssent, et il est contradictoire de supposer l'infini contenu dans le fini, le nécessaire dans le contingent, l'absolu dans le relatif. Mais le fini, le contingent, le relatif étant donnés, l'âme s'élève nécessairement à l'infini, au nécessaire, à l'absolu; elle s'y élève par une intuition, une apperception supérieure qui est une véritable révélation.

Tous les philosophes admettent la vue intérieure ou la conscience, quoique ce fait soit incompréhensible; mais ils sont loin de s'accorder sur la perception externe et sur la raison. Tous les philosophes, jusqu'à Reid, ont admis que l'âme saisissait en elle-même le monde extérieur dont elle était le miroir : cette hypothèse a mis en péril la certitude objective du monde extérieur. En effet, si l'âme ne voit qu'elle-même, comment peut-elle s'assurer qu'il existe quelque chose hors d'elle-même? L'idée ne vaut que pour l'idée et non pour l'objet; on a même été plus loin, et l'on a dit : si l'idée du monde extérieure ne prouve pas ce monde, et elle ne le prouve pas, l'âme elle-même, qui ne se connaît qu'en idée, ne peut pas conclure de la connaissance des phénomènes qui la manifestent, à son existence substantielle.

La philosophie ancienne admet, pour expliquer la notion du monde physique, l'hypothèse des espèces intermédiaires ou images présentes à l'esprit.

Mais ces images détachées des objets seraient matérielles ou immatérielles; si elles sont matérielles, comment peuvent-elles entrer dans l'esprit qui est immatériel, et si elles sont immatérielles, comment peuvent-elles partir des objets qui sont matériels? Cette hypothèse est ruinée par ce dilemme que Descartes lui oppose.

Ce philosophe imagina, pour résoudre cette difficulté, que les idées sont naturelles à notre esprit ou innées; et pour légitimer la croyance invincible qui nous les fait rapporter aux objets extérieurs, il s'appuya sur la véracité de Dieu, principe de cette foi irrésistible.

Mallebranche rejeta les idées innées de Descartes, parce qu'il reconnut qu'elles seraient, dans cette hypothèse, simultanées et non successives, et proposa une autre solution. Il prétendit que nos idées ne pouvaient être que celles de Dieu même, et que le créateur nous les communiquait à mesure que les objets matériels se trouvaient en notre présence; de sorte que ces objets n'étaient que les causes occasionelles de nos connaissances. Quant à l'existence des objets matériels, Dieu nous l'avait révélée dans la Genèse.

Leibnitz n'admit point cette action successive de Dieu sur l'intelligence, il trouva qu'on l'assimilait par-là à un horloger qui aurait besoin de retoucher sans cesse son ouvrage. Il supposa que Dieu avait uni l'âme au corps, de telle sorte que la succession des idées de l'âme correspondît exactement à la série d'impressions que le corps recevrait des objets matériels ; ces deux êtres, l'âme et le corps, devaient ainsi s'accorder sans se communiquer, en vertu d'une harmonie préétablie.

Les notions que nous avons rapportées à la raison, ont été souvent discutées et diversement expliquées. Quelques philosophes les ont rejetées purement et simplement ; d'autres les ont confondues avec les données de la perception externe, ou les en ont fait sortir par la généralisation et par le raisonnement. Le système qui les nie est suffisamment réfuté par la conscience universelle qui les proclame ; quant à celui qui les rattache à la perception matérielle comme principe, il ne lui est pas facile de faire comprendre comment le fini peut donner l'infini, le contingent le nécessaire, et le relatif l'absolu.

On pouvait encore subjectiver ces faits et les considérer comme l'essence ou les formes de notre esprit. C'est ce que Kant a entrepris pour le temps et pour l'espace ; selon ce philosophe, ces notions sont les formes même de l'intelligence, et quand les sens transmettent un fait extérieur, l'esprit lui impose sa forme ; c'est-à-dire le temps et l'espace, qui n'ont pas de réalité ailleurs que dans le développement de la force intellectuelle.

Mais cette explication, qui est loin de satisfaire l'esprit, puisque nous ne saurions nous confondre avec le temps et l'espace, ni les concevoir comme des actes personnels, a d'ailleurs l'inconvénient de ne pas s'appliquer à la notion de cause absolue ou de Dieu, dont l'objectivité n'est pas contestée par le célèbre philosophe allemand.

On ne saurait donc nier légitimement les notions de la raison, on ne peut pas davantage les ramener à la perception externe étendue et développée par la généralisation et le raisonnement, ni les subjectiver; il faut donc les rapporter à une faculté distincte et tenter de les expliquer.

Suivant Platon, les objets de ces notions sont les idées éternelles d'après lesquelles Dieu a formé le monde; elles sont les modèles, les principes des choses que nous voyons ici bas. L'âme les a connues avant d'être unie au corps, lorsqu'elle était encore au sein de la substance universelle, et elle se les rappelle dans cette vie à propos des objets matériels qui en sont une image effacée : c'est donc par réminiscence qu'elle retrouve ces notions sublimes. Descartes regarde ces notions comme innées.

Il est plus simple de les rapporter à une faculté de connaître, innée comme toutes les facultés, et qui entre en exercice à propos des connaissances que fournit soit la conscience, soit la perception physique.

Mais il reste a résoudre une immense difficulté, savoir : où l'âme saisit l'objet de ces notions. Quant à l'objet lui-même, évidemment c'est Dieu ; car tout ce qui a le caractère d'infini, de nécessaire, d'absolu, est Dieu, ou bien il y aurait plusieurs Dieux. Le temps, c'est la durée de Dieu ; l'espace, c'est l'étendue de Dieu ; la justice absolue, la beauté absolue, c'est la justice et la beauté de Dieu.

Si l'analogie était un guide infaillible, on pourrait conclure que puisque l'âme a jour sur elle-même par la conscience, sur la nature par les sens physiques, elle a jour sur Dieu par la raison. C'est au moins le soupçon de Mallebranche, qui l'a étendu, à tort, à toutes nos connaissances : mais comment s'y livrer et surtout l'avouer après ce vers si réjouissant.

Lui qui voit tout en Dieu, n'y voit pas qu'il est fou.

C'est sur les données de la conscience de la perception et de la raison tenues en dépôt par la mémoire, que s'exercent les facultés de l'intelligence, l'attention, le jugement, le raisonnement, l'abstraction, la généralisation : ces facultés éclaircissent, combinent et développent les élémens de la pensée.

Prendre pour exemples quelques-unes des plus importantes de nos idées.

Les idées que renferme l'intelligence humaine, ne sont pas le produit d'une de ces facultés isolées, les divers élémens dont elles se composent se rattachent à des facultés différentes; ces élémens forment un tout complexe qu'il faut décomposer si l'on veut en déterminer avec précision l'origine et la formation.

Si l'on veut remonter à l'origine et à la formation de l'idée d'homme telle que nous la trouvons dans notre intelligence, il faudra d'abord en analyser la compréhension. Nous trouverons ainsi que la conscience, la perception externe, la raison, le jugement, le raisonnement, l'abstraction ont apporté quelque portion des matériaux dont l'ensemble forme l'idée complexe d'homme.

L'idée de Dieu a sa base dans la conscience, et son couronnement dans la raison. La perception externe qui nous fait connaître la nature extérieure et son harmonie, a contribué a nous révéler quelques-uns des attributs de sa puissance infinie; le raisonnement a déduit de la notion d'infini donnée par la raison, les divers attributs qui découlent de cette notion.

Ainsi nous trouvons à l'origine de toutes les idées, l'activité de l'esprit sollicitée par les divers objets qui tombent sous la conscience, sous les sens et sous la raison, et nous reconnaissons qu'elles se forment par le jeu des facultés innées de la force intelligente.

La faculté de connaître une et identique en substance, se divise selon les objets qu'elle atteint et ses modes d'activité. L'idée, quelle qu'elle soit, est un acte de l'esprit et n'a point de réalité en dehors du sujet qui la produit, elle ne varie que dans son objet et dans les circonstances de sa formation.

VII.

Donner une théorie des facultés de l'âme.—Qu'est-ce que déterminer l'existence d'une faculté?

Donner une théorie des facultés de l'âme.

L'analyse de la conscience nous a montré l'âme comme une force douée de sensibilité, d'intelligence et d'activité : c'est sous ce triple aspect qu'elle s'est montrée à nous.

Ces trois manifestations de l'âme, ou ces trois personnes de l'unité psychologique, sont les attributs d'une seule substance; il n'y a pas un sujet qui sente, un autre qui comprenne, un autre qui agisse : c'est le même sujet se manifestant par des phénomènes divers et non opposés. La sensibilité, l'intelligence et l'activité ne sont jamais isolées, le même fait les met toutes trois en évidence. La sensibilité et l'intelligence peuvent se développer sans liberté, mais non sans activité. Si on les considère isolément, c'est par une abstraction de l'esprit, et pour rendre plus facile l'étude des phénomènes qui les rendent sensibles. Si l'on ne se pénétrait pas bien de cette vérité, on risquerait de prêter une réalité ontologique à des êtres de raison, et de créer, à l'exemple des scolastiques, des entités chimériques.

Le fait psychologique le plus simple, la sensation par exemple, suppose ce triple développement de l'âme. En effet, la sensation n'est telle qu'à condition que le sujet sentant se connaisse sentant, et il ne peut se connaître sentant que par un acte. Il est impossible d'assigner l'ordre chronologique de ces trois phases d'un même fait ; leur succession s'il y a succession, est si rapide, qu'elle échappe à l'observation, et que la mémoire n'en conserve pas de traces. Il y a simultanéité pour la conscience, l'analyse seule atteint la triplicité phénoménale, et le raisonnement essaie d'établir une hiérarchie. La sensation n'existe psychologiquement que lorsqu'elle tombe sous la conscience, et elle ne peut tomber sous la conscience que lorsque l'activité de l'esprit s'est déployée. Ce que nous disons de la sensation s'appliquera, à plus forte raison, à tous les autres phénomènes psychologiques ; et s'il est si difficile de scinder ce fait qui paraît complexe, c'est que la division que nous en faisons est purement artificielle. Dans sa réalité, la sensation est une ; le déploiement le plus simple de l'âme la manifeste simultanément comme sensible, intelligente et active, parce qu'elle est dans la réalité essentiellement et indivisément active, sensible et intelligente.

Mais l'âme se déploie instinctivement ou librement; elle est tantôt esclave de l'instinct, tantôt maîtresse d'elle-même ; elle obéit à une impulsion fatale, ou à sa propre direction, dans les limites de sa liberté. Mais dans tous les cas, elle sent, elle agit et elle sait. Son plus noble privilége est de modifier, par sa propre vertu, sa sensibilité, son intelligence et son activité : elle ne prend pas d'abord cette puissance sur elle-même ; cette prise de possession suppose un développement antérieur.

Puisque le premier fait psychologique nous donne l'âme tout entière, et pour ainsi dire armée de toutes pièces, il ne s'agit pas d'établir l'ordre de génération de ses facultés, mais seulement de constater l'ordre de leur développement. Ainsi, nous n'établirons pas une chronologie là où il y a simultanéité; mais en reconnaissant que toute l'âme est dans tous ses phénomènes, nous rechercherons quels sont ceux qui dominent d'abord dans l'ordre de ses développemens, c'est-à-dire sous quels aspects successifs elle se produit.

Le fond commun de tous les phénomènes, c'est l'âme même, c'est la force considérée substantiellement indépendamment de la forme particulière qu'elle revêt.

L'âme considérée sous le point de vue des phénomènes du sentiment ; la sensation, sentiment de douleur, sentiment de plaisir, sentiment du beau, du juste, de l'infini, de la propriété, etc., prend le nom de sensibilité.

Considérée sous le rapport de la connaissance et idées des qualités, des rapports et de l'existence, elle prend le nom d'intelligence.

Considérée dans son action, c'est-à-dire dans ses mouvemens instinctifs ou volontaires, elle prend le nom d'activité.

Nous comprenons sous le nom générique de facultés de l'âme, tout ce qui se rapporte à son activité et à sa passivité ; c'est sous ce rapport que la sensibilité figure à côté de l'intelligence et de l'activité.

La sensibilité se présente à nous sous trois aspects, d'après les objets qui l'ont provoquée.

Sensibilité physique, sensibilité morale, sensibilité intellectuelle.

L'âme souffre, ou jouit non seulement par le contact des causes physiques et de l'organisme, mais par suite de l'impression que fait sur elle la vue du juste et de l'injuste, la vue de la beauté et de la laideur, la connaissance de l'erreur et de la vérité.

Il y a donc lieu à diviser les phénomènes de la sensibilité en plaisirs physiques, moraux et intellectuels, et en douleurs correspondantes.

Il y a cette différence entre les plaisirs physiques et les phénomènes de la sensibilité, que nous nommons morale et intellectuelle, que les plaisirs ou les douleurs physiques se localisent dans l'organisme, tandis que les autres sont purement psychologiques ;

quoiqu'il n'y ait aucun sentiment qui ne provoque un mouvement physiologique, soit du cerveau, soit du cœur, soit du foie, soit de la rate ou de tout autre organe interne ; mais nous n'avons pas conscience de ces mouvemens.

L'intelligence est multiple dans son action, et cette diversité engendre un grand nombre de facultés ; ainsi, non seulement l'esprit se porte sur un objet et s'applique à le connaître, ce qui constitue l'attention, mais il se partage entre plusieurs objets pour les comparer ; cette comparaison est suivie d'une affirmation qui constate les rapports saisis et qui prend le nom de jugement : l'âme peut encore opérer sur les données de l'attention, de la comparaison et du jugement, et déduire des connaissances qu'elle a de nouvelles notions, soit par induction, soit par déduction, ce qui constitue le raisonnement ; non seulement elle acquiert des connaissances, mais elle les conserve et les rappelle : d'où la mémoire ; elle possède en outre le pouvoir de combiner les produits de ses différentes facultés et de créer par cette combinaison des êtres nouveaux qui n'ont d'existence que par elle (imagination), elle peut encore abstraire et généraliser. Ces divers modes de comprendre, constituent les facultés dont l'ensemble compose l'intelligence. L'intelligence est un mot générique, qui embrasse toutes les facultés que nous venons d'énumérer.

L'activité prend aussi diverses formes qui servent de base a d'importantes divisions. L'activité à son début se développe instinctivement avec une conscience vague d'elle-même, mais sans empire sur sa direction ; l'activité, dans son acception la plus générale, est la forme essentielle de l'âme ; elle est la condition de toutes les autres, c'est en vertu de son activité que l'âme sent et qu'elle comprend ; la sensibilité et l'intelligence ressortent de l'activité et la manifestent : au-delà de l'activité, il n'y a que la substance que nous n'atteignons pas par l'observation immédiate.

L'activité, qui est d'abord instinctive et spontanée, prend plus tard possession d'elle-même ; elle devient volontaire et prend le nom de volonté : mais, comme volonté, elle est souvent entraînée par la nature des choses et l'empire des motifs qui déterminent son action ; d'autres fois elle se domine, se maintient, elle est libre de ne pas faire, ou de faire, elle arrive à la liberté qui la complète. Ainsi l'activité prendra divers noms suivant sa nature : spontanéité, volonté, liberté.

Nous analyserons tous ces faits dans l'ordre indiqué par le programme ; maintenant nous les constatons en indiquant le lien qui les unit.

L'âme est une force qui se développe par la sensibilité, l'intelligence et la liberté. C'est une substance identique et une, qui se manifeste par des sentimens, des idées et des volontés.

Qu'est-ce que déterminer l'existence d'une faculté ?

Les facultés de l'âme se déterminent d'après les faits. On attribue à l'âme une puissance correspondante aux phénomènes qu'elle produit ou qui la produisent : on rapporte à la même puissance tous les faits qui ont un caractère analogue, et à une autre, ceux qui se distinguent par un caractère opposé.

On comprend que cette classification doit varier selon l'analyse qui lui sert de base. Ainsi une analyse incomplète sera suivie d'une classification entachée des mêmes défauts. Un système de facultés est une synthèse, que doit reproduire les caractères de l'analyse qu'elle résume.

VIII.

Sensibilité. — Son caractère. — Distinguer la sensibilité de toutes les autres facultés, et marquer sa place dans l'ordre de leur développement.

Sensibilité. — Son caractère.

On a confondu sous le nom de sensibilité deux ordres de faits profondément distincts ; savoir : la connaissance sensible, c'est-à-dire les notions dont nous atteignons l'objet par l'intermédiaire des sens, et les émotions ou phénomènes passifs de l'âme. Nous rapportons à la perception externe la connaissance sensible, et nous réservons le nom de sensibilité aux émotions de l'âme, c'est-à-dire aux plaisirs et aux peines, soit du corps, soit de l'esprit, soit du cœur.

C'est un fait incontestable que l'âme éprouve à l'occasion des causes extérieures sur les organes de la perception externe, une impression agréable ou désagréable, selon la nature ou le degré d'énergie de ces causes extérieures. Ce phénomène psychologique est accompagné d'un jugement involontaire, par lequel nous rapportons l'impression reçue à la partie de l'organe affecté. Ce fait complexe reçoit le nom de sensation ; nous donnons donc le nom de sensation aux affections agréables ou pénibles qui se localisent dans les organes des sens. L'ensemble de ces faits s'appelle sensibilité physique. La première classe des faits sensibles, comprend les plaisirs et les peines du corps qui se divisent suivant les organes auxquels ils se rapportent, en

>Plaisirs et peines du tact,
>Plaisirs et peines du goût,
>Plaisirs et peines de l'odorat,
>Plaisirs et peines des viscères intérieurs, de l'estomac, etc....

L'ouïe et la vue ne donnent pas de sensations proprement dites ; lorsque l'oreille et les yeux sont affectés, soit par un son qui brise le tympan, soit par une lumière trop vive qui éblouit la vue, la douleur qu'on éprouve se rattache au toucher ; mais lorsque ces organes fonctionnent régulièrement, nous n'avons pas le sentiment de leur existence, nous ne rapportons pas à l'organe qui les transmet les sons ni les couleurs. Si nous savons que nous voyons par les yeux, et que nous entendons par les oreilles, c'est l'expérience qui nous en instruit. Nous ne localisons pas le son dans l'oreille, ni la couleur dans l'œil, comme nous localisons la saveur dans le palais, l'odeur dans les narines, ou les plaisirs et les peines du tact dans la partie de l'organisme qui reçoit l'impression.

Dans le plaisir, la sensibilité se dilate et aspire à s'assimiler l'objet de la sensation : dans la douleur, elle se resserre et fait effort pour repousser l'objet de la sensation. Le plaisir manifeste la sympathie, source commune de toutes les affections ; la douleur manifeste l'antipathie, principe de toutes les répugnances.

Ce n'est pas seulement l'action des causes physiques qui sollicite la sensibilité, nous éprouvons des plaisirs et des peines à l'occasion des perceptions de l'esprit et des actes de l'intelligence. Ces plaisirs et ces peines se distinguent des plaisirs et des peines du corps, parce qu'ils ne se localisent point dans l'organisme, ou plutôt parce que nous n'avons point le sentiment de l'organe affecté, quoique la physiologie nous apprenne que tous ces sentimens sont accompagnés d'un mouvement de dilatation ou de concentration dans les régions du cerveau, du cœur, du foie ou de la rate. L'ensemble de ces phénomènes prend le nom de sensibilité morale, qui comprend les plaisirs et les peines du cœur, les plaisirs et les peines de l'esprit.

Ces sentimens impliquent l'exercice de la perception externe et de la raison. On range dans cette classe les sentimens de filialité, de sociabilité, de paternité, de propriété, de force, de faiblesse, de liberté, de contrainte ; sentiment du beau, du juste et leurs contraires, de l'infini, le remords, la satisfaction morale, etc.

Les sentimens que nous venons d'énumérer sont la base des passions ; la souffrance et le plaisir sont des phénomènes simples de la sensibilité que nous retrouvons dans les phénomènes complexes de l'amour et de la haine, qui supposent le rapport du sentiment à l'objet qui l'a causé.

Le désir, le regret et le pressentiment, sont des phénomènes complexes de la sensibilité ; ils supposent la perception d'un plaisir antérieur ou futur, et par conséquent l'intervention de la mémoire et de la prévision.

L'amitié, l'amour, l'ambition, la haine, l'enthousiasme, sont des sentimens complexes qui supposent l'exercice de plusieurs facultés de l'intelligence. L'analyse les ramène à leurs élémens.

La sensibilité agit sur l'intelligence, et l'intelligence réagit sur la sensibilité ; la volonté exerce aussi une action puissante sur les phénomènes de la sensibilité. Cette action réciproque des trois personnes de l'âme, s'explique facilement par l'unité de la substance sensible, intelligente et libre.

La douleur physique entrave et suspend même quelquefois l'exercice des facultés de l'intelligence ; les passions dénaturent le jugement, elles éteignent ou avivent selon les circonstances la lumière de l'entendement.

Ces mêmes causes influent également sur la volonté, et la portent à des actes que la raison désavoue et quelquefois à des dévouemens sublimes. Elles poussent au mal, ou elles aident au bien suivant la direction imprimée aux forces de l'âme.

L'intelligence agit directement sur la sensibilité physique ; elle va quelquefois jusqu'à en suspendre l'exercice : ainsi, lorsque l'esprit est vivement préoccupé, les causes extérieures, dont l'action aurait éveillé en nous la douleur ou le plaisir, nous sont complètement insensibles. Dans l'extase, phénomène rare mais réel, la sensibilité résiste aux sollicitations les plus puissantes. Souvent aussi l'intelligence redouble l'action des causes physiques; quelquefois même elle les supplée; ainsi une douleur est plus ou moins vive en raison de l'idée que nous nous en sommes formée, et quelquefois l'idée suffit aux imaginations vives pour provoquer cette douleur. La sensation se produit sans l'action d'une cause externe. Ce phénomène si fréquent dans le rêve, a quelquefois lieu dans l'état de veille. L'âme agit sur l'organe et non plus l'organe sur l'âme.

Quant à l'action de l'intelligence sur la sensibilité morale, elle est manifeste, puisque cette sensibilité a pour antécédent nécessaire un acte de l'intelligence. Mais les rapports du sentiment à l'idée ne sont pas constans; il faudrait de longues études pour établir les lois de cette relation.

La volonté agit aussi très-visiblement sur la sensibilité physique, et sur la plupart des phénomènes de la sensibilité morale. L'expérience prouve que l'énergie de la volonté neutralise des douleurs sous lesquelles succombent les âmes faibles. Cette influence est surtout sensible dans les épidémies, où la force et la faiblesse du caractère enlève ou livre à la mort une bonne part de ceux que le mal a touchés.

Les passions, tout involontaires à leur début, rencontrent dans leur développement la volonté qui peut en comprimer ou en favoriser l'essor par sa résistance ou son assentiment. Les passions qui portent le caractère de la fatalité par leur énergie irrésistible, ne se sont élevées au-dessus de la volonté que par sa mollesse ou son incurie.

> Principiis obsta : serò medicina paratur
> Cùm mala per longas invaluere moras.

Distinguer la sensibilité de toutes les autres facultés, et marquer sa place dans l'ordre de leur développement.

La sensibilité, telle que nous l'avons définie, en la réduisant aux phénomènes compris sous le nom de plaisirs et de peines du corps, de l'esprit et du cœur, se distingue nettement des faits de l'intelligence et de la volonté. Autre chose est sentir, autre chose, connaître et vouloir. Ces faits se confondent dans l'unité du moi; mais l'abstraction les isole, la conscience les observe, et la science les classe séparément.

Quoique le premier fait de conscience manifeste l'âme dans sa triple unité, cependant la sensibilité physique est le fait dominant au début de la vie. C'est par le plaisir et surtout par la douleur que l'âme fait son entrée dans la vie, c'est la sensibilité qui préside à ses premiers développemens. Le plaisir et la douleur sont pour l'enfant la base de la distinction du bien et du mal. L'intelligence se développe sous les auspices de la sensibilité, qui est aussi pendant quelque temps le guide ou plutôt le tyran de la volonté. La sensibilité morale se manifeste ensuite, et elle attend pour se développer les progrès de l'intelligence et la venue de la raison.

IX.

De la faculté de connaître, ou de la raison.— Caractère propre de cette faculté.

De la faculté de connaître ou de la raison.

Sentir, connaître et vouloir, sont trois faits distincts qui se confondent dans l'unité de la substance qu'ils manifestent. Autre chose est le sentiment, autre chose la connaissance, autre chose la volonté. Émotion, notion, volition : ces trois mots, qui réveillent en nous une idée différente, résument l'âme tout entière, la conscience les atteste tous trois et les distingue. Le sentiment et la volonté sont objets de connaissance, de sorte que la faculté de connaître embrasse, dans toutes ses manifestations, le sujet sensible, intelligent et libre. La pensée atteint donc tous les phénomènes du monde intérieur ; mais ce n'est pas là toute sa portée, elle embrasse aussi le monde extérieur, physique et métaphysique. Nous avons déjà dit qu'elle atteignait le moi par la conscience, le non-moi physique par les sens, et le non-moi métaphysique ou immatériel par la raison, qu'on appelle aussi raison intuitive ; mais il ne faut pas oublier que ces trois mots, sens intime ou conscience, sens ou sens externe et raison, ne désignent qu'un seul et même sujet ; la conscience, c'est l'âme se connaissant elle-même ; les sens externes, c'est l'âme connaissant le non-moi externe physique ; la raison, c'est l'âme connaissant le non-moi externe métaphysique. Comme tous les faits de l'intelligence tombent en dernier ressort sous l'œil de la conscience, parce que l'âme conserve les notions une fois acquises, on a souvent confondu la notion et l'objet; de ce que la notion survit à la présence de l'objet, et qu'elle devient elle-même objective par la conscience, on a conclu témérairement que nous ne connaissions les objets que par l'idée. Cette conséquence illégitime a jeté le doute sur la réalité objective et sur l'idée elle-même; c'est que, comme l'a dit M. Royer-Collard, on ne fait point sa part au scepticisme, dès qu'il a pénétré dans l'entendement, il l'envahit tout entier.

Il faut reconnaître que l'âme se connaît elle-même, et qu'elle connaît hors d'elle le monde des réalités sensibles et celui des réalités invisibles; il faut admettre qu'elle est en communication directe avec le moi et le non-moi : mais prétendre expliquer le comment de ce commerce mystérieux, c'est se poser un problème insoluble. Je sais que je souffre, que je connais, que je veux ; mais comment le sais-je ? je l'ignore complètement : j'appelle conscience, la vue intérieure ; perception, la vue extérieure physique ; raison, la vue extérieure métaphysique; mais je ne puis dire, et personne plus que moi, ce que c'est que la vue. Je ne veux pas même me poser cette terrible question, car je sens qu'elle met mon intelligence en péril, qu'elle confond ma pensée, et qu'elle donne le vertige à ma faible raison ; mais je vois, et j'en rends grâce à Dieu, je reconnais qu'il m'a donné le pouvoir de me connaître, ainsi que la nature et lui-même; et je ne me sens pas la force de nier, ni Dieu, ni la nature, ni l'âme humaine, parce que je ne sais pas, et que je suis condamné, au moins sur cette terre, à ne jamais savoir comment je connais tout cela. L'éblouissement, a dit Montaigne, est au bout de toutes nos recherches, c'est à nous de nous arrêter où l'éblouissement commence.

La faculté de connaître, dans son acception la plus étendue, prend le nom générique de raison ou d'intelligence, elle se décompose selon les divers moyens de connaître, et selon les divers objets de connaissance, comme nous l'avons dit précédemment; nous verrons plus bas qu'on la divise encore d'après les procédés qu'elle emploie pour développer et restreindre les notions primitives. Nous ferons connaître ces procédés, lorsque nous nous occuperons du jugement, du raisonnement, de l'abstraction, de la généralisation et de l'association des idées; tous ces faits, qui répondent à autant de facultés ou de puissances de l'âme, seront successivement éclaircis.

Caractère propre de cette faculté.

La connaissance influe sur la volonté en lui fournissant des motifs d'action, et sur la sensibilité par les idées qui la sollicitent, l'excitent et la répriment; mais quoiqu'elle soit intimement mêlée à ces facultés, elle s'en distingue par un caractère spécial. Les phénomènes de sensibilité, soit qu'elle les ait provoqués, soit qu'ils relèvent d'un autre principe, agissent à leur tour sur elle en contrariant ses opérations ou en donnant à ses actes une impulsion et une direction nouvelle, comme nous l'avons vu dans le chapitre précédent; mais nous le répétons, elle se distingue de la sensibilité qu'elle atteint comme objet de connaissance, et qui n'est principe d'idée que pour son propre compte ; car l'émotion, la douleur, l'affection physique, morale ou intellectuelle ; le sentiment, en un mot, dans son sens le plus large, n'engendre point d'autre idée que celle du sentiment. Le sentiment, lorsqu'il devient distinct, est connu comme sentiment, il devient idée de sentiment, et pas autre chose. La volonté agit aussi directement sur l'intelligence qui participe de sa langueur et de son énergie ; mais quelle que soit l'influence de la sensibilité et de la volonté sur l'intelligence, quelque intime que soit le commerce qui les unit par voie d'action et de réaction constantes, l'esprit distingue réellement la perception de tout ce qui n'est pas elle, et il ne confond pas les émotions de la sensibilité, et les déterminations de la volonté avec les notions de l'intelligence.

X.

Des facultés qui se rapportent à la faculté générale de connaître. — De la conscience. — De l'attention.

Des facultés qui se rapportent à la faculté générale de connaître.

La faculté de connaître, la raison ou l'intelligence ne s'exerce pas uniformément ; nous avons vu qu'elle restait en rapport avec elle-même et avec le monde physique et le monde immatériel ; nous avons maintenant à l'analyser dans ses divers modes d'action : nous commencerons par la conscience.

De la conscience.

La conscience ou le sens intime est, comme nous l'avons dit, la vue intérieure; c'est l'âme prenant connaissance de ses états et de ses opérations. Nous avons vu précédemment que cette faculté était primitive, nous l'avons constatée sans prétendre à l'expliquer. L'âme se connaît comme force sensible, intelligente et libre; non-seulement elle sent, connaît et veut, mais elle sait tout cela, elle a conscience de ses émotions, de ses idées et de ses déterminations. Si elle ignorait ses états et ses opérations, elle existerait au même titre que les forces aveugles qui vivent sans avoir le sentiment de la vie, elle serait chose et non personne, elle ne se posséderait pas, elle n'aurait pas d'action sur elle-même. C'est ce qui lui arrive à un certain degré dans la défaillance, dans le délire et dans les transports de la passion.

C'est par la conscience que l'âme fait retour sur elle-même, et qu'elle s'apparaît comme cause et comme substance. L'idée de cause et de substance que nous transportons au-dehors, et qui s'élève par la raison à la notion de cause et de substance absolue, est une donnée de la conscience.

La conscience fournit l'idée d'unité qu'elle découvre sous la diversité des phénomènes dont l'âme est le théâtre, dans l'identité du sujet pensant.

C'est par la durée de ces phénomènes que nous arrivons à la notion de durée que la raison élève plus tard à la notion de temps absolu.

Nous transportons aux réalités extérieures les notions qui nous sont fournies par la conscience, nous attribuons l'existence substantielle, le rapport de cause et d'effet et la durée aux faits extérieurs, parce que ces attributs de notre être nous ont été révélés par la conscience. Nous faisons le monde à notre image, parce que nous avons, avant tout, connaissance de nous-mêmes ; sans cela la nature n'aurait point de sens à nos yeux et ne serait qu'une muette fantasmagorie. C'est notre âme transportée hors de nous qui fait vivre et se mouvoir le tableau qui se déroule en notre présence.

Nous ne nous étendrons pas davantage sur la conscience, que nous avons déjà analysée précédemment (1).

De l'attention.

L'attention est la faculté par laquelle l'esprit tend vers un objet et s'y concentre : ce n'est pas une faculté spéciale, l'âme est attentive dans la conscience, dans les sens, dans la raison et dans les développemens les plus complexes de son activité. L'attention est la condition de toute bonne observation ; si l'âme se détend et se relâche, le fait soumis à son investigation lui échappe complètement ou lui apparaît mutilé et incomplet. Il arrive souvent que les ressorts de l'âme, soit par l'effet d'une tension excessive, soit par une faiblesse naturelle ou par nonchalance de la volonté, se replient sur eux-mêmes et refusent de se tendre vers l'objet de la connaissance.

(1) On peut consulter sur cette faculté l'excellent *Traité de Psychologie*, publié par M. Adolphe Garnier, professeur de Philosophie au collége de Versailles.

Ce relâchement amène la rêverie qui est une sorte de méditation inattentive, voisine du sommeil, proche parent de la mort, selon l'expression du poète : *Consanguineus lethi sopor*. L'attention est donc proprement la vie de l'intelligence, c'est par elle que nous saisissons l'état de notre âme, et que la pensée s'empare du monde extérieur.

L'attention relève de la volonté, elle en a l'énergie ou la mollesse, elle est puissante ou faible par sa force ou par son inertie. L'attention portée sur le monde intérieur en démêle tous les phénomènes, elle les fixe pour ainsi dire sous l'œil de la conscience qui les saisit et les distingue, pour les confier à la mémoire qui en conserve fidèlement le souvenir. Elle agit de même sur les faits extérieurs, elle concentre sur eux l'action des sens et elle en imprime fortement la trace dans la pensée. Si l'âme ne s'arrête pas avec énergie sur les faits externes, elle n'en est qu'effleurée, elle les amène à peine au seuil de la pensée qui les rejette bientôt sans en conserver l'empreinte. La raison elle-même, lorsque l'attention ne lui prête pas sa force, ne saisit qu'imparfaitement les notions sublimes qu'elle puise au sein du non-moi immatériel ; il faut, pour qu'elle s'élève aux conceptions sublimes de l'absolu, considéré dans le temps, dans la durée, dans la cause et dans la substance, dans la justice et la beauté, que l'attention l'arrête et la pousse dans les profondeurs de ce monde invisible aux sens.

C'est le défaut d'attention qui fait la faiblesse des esprits vulgaires et superficiels, c'est lui qui met la pensée à la merci de toutes ces fausses lueurs, de ces fragmens de vérités ou de ces erreurs qui pénètrent dans l'intelligence et s'y établissent au titre de la vérité, pour y servir de base aux faux jugemens. L'attention au contraire rallie toutes les forces de l'intelligence, elle les redouble par la concentration et par l'exercice; et ses effets sont si puissans, que Buffon a pu dire avec quelque vraisemblance, que le génie n'était qu'une longue patience.

XI.

De la Perception extérieure.

L'âme perçoit les objets extérieurs par l'intermédiaire des organes que la nature a mis à son service. Cette faculté prend le nom de perception extérieure. La perception se divise d'après les organes qui la servent, et les objets qu'elle atteint par leur entremise.

Il ne faut pas confondre les sens et les organes; les sens, c'est l'âme elle-même, c'est le subjectif; les organes sont objectifs. L'âme se distingue de l'œil, de la main, du palais, des narines, de l'oreille. Dans l'état de veille, la perception est accompagnée du jeu des organes; mais dans le rêve, l'âme voit, touche, entend, sent et goûte sans l'intervention des organes, ce qui prouve que l'âme ne dépend pas absolument des organes, et qu'elle perçoit le monde extérieur par sa propre énergie.

Du tact.

Le sens par lequel nous percevons la forme, l'étendue tangible (1), s'appelle tact; il a pour organe toute la surface du corps, et spécialement la main qui est douée d'une exquise délicatesse pour apprécier les phénomènes de l'étendue tangible. C'est à l'aide du tact que nous percevons les qualités tangibles de la matière. Cette perception est immédiate; aussitôt que le système organique, que nous appelons notre corps, est en contact avec une étendue qui résiste, nous jugeons nécessairement que cette étendue n'est pas le moi, et ce jugement établit directement la distinction du moi et du non-moi. L'âme ne se distingue pas de la connaissance de l'étendue tangible, mais elle ne se confond pas avec l'étendue tangible.

Nous percevons, à l'aide du tact dont l'organe prinpal a servi de patron aux mesures artificielles, les rapports d'étendue, la dureté, le froid, la chaleur, etc.: ces qualités sont des rapports. Nous ne connaissons pas d'une manière absolue l'étendue, la dureté, la pesanteur, le froid, la chaleur; nous le verrons, pour l'étendue, dans le cours de ce chapitre: quant à la dureté et à la pesanteur, il est clair qu'elles ne sont qu'un rapport de force et de résistance; car ce qui est dur et pesant pour une force moindre, deviendra mou et léger pour une force supérieure. Il en est de même de la chaleur et du froid, que nous apprécions en raison

(1) A. Garnier, *Cours de Psychologie.*

de notre disposition propre. On voit que la mémoire est nécessaire à l'appréciation de ces rapports, puisqu'ils reposent sur une perception continue.

De la vue.

L'âme ne perçoit pas seulement dans les objets les rapports d'étendue, de solidité, de pesanteur, de chaleur, elle les perçoit encore comme étendues de lumière et de couleur : cette faculté s'appelle vue.

La vue nous fait percevoir, outre la couleur, la forme du corps, mais dans un seul plan vertical coupant à angle droit le rayon visuel, et dans ce plan vertical les rapports d'étendue et de mouvement. La vue ne nous apprend pas primitivement autre chose; mais le tact venant au secours de la vue, nous apprend que certaines nuances correspondent ordinairement à telle profondeur, que la diminution ou l'accroissement successif de l'objet correspond à un mouvement en arrière ou en avant; dès-lors, en vertu de cette expérience, l'âme porte un jugement par lequel elle établit des rapports de distance sur différens plans, et apprécie l'éloignement ou la proximité des objets. Ce n'est pas la vue, c'est le jugement qui donne de la profondeur au plan vertical que la vue perçoit; aussi, lorsque les objets intermédiaires manquent pour marquer la distance des objets, le jugement est en défaut, et rapproche par la pensée des objets qui sont placés fort loin. Le jugement qui associe la profondeur à la couleur, le mouvement à l'accroissement ou à la diminution de l'étendue, est la source de quelques-unes des erreurs que l'on attribue aux sens. C'est ainsi que dans la fantasmagorie nous jugeons que les figures s'avancent vers nous, tandis qu'elles sont immobiles. L'étendue de couleur augmente successivement, et nous jugeons qu'elle marche quoique seulement elle grandisse. Nous tombons dans une erreur analogue, lorsque, après avoir examiné un paysage à l'œil nu, nous le regardons à travers une lunette ; le côté qui grossit les objets semble les rapprocher, et l'autre semble les éloigner. Nous jugeons ainsi par induction ; et dans ce cas, c'est l'induction et non le sens qui nous trompe. Nous avons vu deux phénomènes unis dans certains cas, et nous jugeons témérairement que la présence de l'un annonce celle de l'autre (1).

De l'ouïe.

Le sens par lequel nous percevons le son, s'appelle la vue ; il a l'oreille pour organe.

Nous ne savons pas ce que c'est que le son, nous savons seulement qu'il n'est pas le moi. Le son n'est pas habituellement accompagné de sensation, pas plus que la perception des couleurs, c'est-à-dire que nous ne le rapportons pas à l'organe qui nous le transmet. La sensation, causée quelquefois par une lumière trop vive ou par un son très-bruyant, se rapporte au tact et dénature la perception.

L'ouïe apprécie le son sous le rapport de l'intensité, qui détermine le ton, du timbre et de l'articulation qui, en se combinant, forment la mesure,

---

(1) Voir l'*Induction*, question XXII.

le rhythme, la mélodie et l'harmonie. On voit que la mémoire intervient nécessairement dans cette appréciation.

De l'odorat.

Le sens par lequel nous percevons l'odeur, se nomme odorat; il a pour organe les parois intérieures du nez ou les narines.

Nous ne savons pas ce que c'est que l'odeur; nous savons seulement qu'elle n'est pas le moi.

L'odorat apprécie l'intensité, la qualité et la durée des odeurs; il est aidé par la mémoire dans cette appréciation. L'odorat est l'auxiliaire du goût dans la perception des saveurs; lorsque son action est suspendue, le goût ne s'exerce qu'imparfaitement.

Le goût.

La faculté par laquelle nous percevons les saveurs, s'appelle goût.

Tout ce que nous savons de la saveur, c'est qu'elle n'est pas le moi. Le sens qui nous la fait connaître en saisit les divers degrés et les nuances infinies. La saveur, comme l'étendue, la couleur, le son et l'odeur, ne nous est pas connue absolument, c'est un rapport entre le moi et la cause extérieure quelle qu'elle soit qui le produit; aussi ne peut-on rien affirmer sur sa nature, elle varie selon la diversité des organisations et selon la disposition particulière des organes du même individu dans les différens instans de la durée.

La perception externe, quel que soit l'organe qui

la serve, ne nous fait connaître le monde extérieur que dans ses rapports avec nous. Elle donne l'existence du non-moi, et non sa nature. Nous savons par elle qu'il existe quelque chose hors de nous, mais elle ne nous apprend rien de la réalité interne du monde extérieur. Nous ne savons pas quelle est la dimension réelle de l'étendue, car nous voyons les objets plus ou moins grands d'après la convexité de notre œil, et il est probable qu'il n'y a pas deux hommes au monde qui les voient de la même manière. Le microscope nous a découvert des animaux mille fois plus petits que le ciron qui échappe presque à l'œil nu ; ces petits insectes ont tous les organes de la vie ; nous pouvons à peine en concevoir l'effroyable petitesse ; cependant tous ces animaux infiniment petits s'aperçoivent eux-mêmes et distinguent toutes les parties de leur corps correspondant à une certaine étendue d'espace qui doit leur paraître très-considérable, et qui est insensible pour nous. Dans cet espace ils voient des formes, des couleurs, des mouvemens qui nous échappent, ils s'y nourrissent de substances qui ont pour eux de la saveur, ils y entendent des sons, ils y perçoivent des odeurs qui ne sont rien pour nous. « L'imagination, dit Mallebranche, se perd et s'étonne à la vue d'une si étrange petitesse ; elle ne peut atteindre ni se prendre à des parties qui n'ont point de prise pour elle ; et quoique la raison nous en convainque, les sens et l'imagination s'y opposent et nous obligent souvent d'en douter. »

Tout ce que l'on peut conclure de ces considérations, c'est que la perception externe ne nous montre pas le monde extérieur absolument, mais relativement ; qu'elle nous le fait connaître non pas en lui, mais dans ses rapports avec nous. Mais de ce que nous voyons le monde autrement qu'il n'est, il ne s'en suit pas que nous le voyons en nous, ni qu'il n'existe pas. Le scepticisme absolu et l'idéalisme pèchent également par la base. Nous ne connaissons les choses que par leurs rapports : soit ; mais nous les connaissons comme réelles, nous en conservons le souvenir qui nous les rend présentes lorsque l'objet est absent, et nous jouissons même du privilége de les reproduire par l'imagination : mais il ne s'en suit pas qu'elles n'existent que dans le souvenir et l'imagination, et que lorsqu'elles sont présentes nous les apercevons dans la trace qu'elles impriment dans la pensée.

Lorsque l'âme est en présence de l'objet de sa connaissance, soit par le tact, soit par la vue, soit par l'ouïe, l'odorat ou le goût, ne tend-elle pas aussitôt vers l'objet, ne se dirige-t-elle pas vers le dehors? on ne saurait le nier ; si elle voyait d'abord en elle même, il faudrait qu'elle se repliât sur l'impression, et cependant elle ne commence pas par réfléchir, elle est attentive, et l'attention suffit pour qu'elle prenne connaissance de l'objet.

La perception externe a été donnée à l'homme dans l'intérêt du corps, qui ne pourrait pas se conserver si la vue, le toucher et l'ouïe ne l'avertissaient pas de la présence des corps extérieurs, et de l'action favorable ou hostile de ces forces qui le pressent de toutes parts, et si le goût et l'odorat ne lui faisaient pas distinguer les substances qu'il peut sans danger assimiler à la sienne. Elle a été donnée aussi comme moyen de connaissance non pas absolue, mais relative ; mais on comprend que les organes qu'elle y emploie n'y sont pas essentiels, et que l'âme qui connaît, qui sent et qui veut aujourd'hui dans son union avec des appareils organiques, pourrait conserver les mêmes puissances, si elle en était séparée.

On s'étonnera peut-être que dans un chapitre sur la perception externe, nous ayons à peine nommé la sensation ; c'est que nous laissons à ce mot son acception vulgaire, et qu'il ne signifie rien pour nous, que le rapport de l'affection à la partie organique affectée : ainsi la couleur et le son, loin d'être des sensations, ne sont pas même accompagnées du fait particulier désigné par ce mot, et qui fait partie du fait complexe de la perception par le tact, l'odorat et le goût. Quand nous touchons, que nous sentons ou que nous savourons, nous sommes avertis de la partie du corps qui est en contact avec l'objet : ce phénomène s'appelle sensation, il accompagne dans ces trois circonstances la perception, mais il ne la constitue pas.

XII.

Du jugement. — Du raisonnement.

Du jugement.

Le jugement est une faculté par laquelle nous affirmons l'existence des objets de nos connaissances. La connaissance est par le jugement, l'intelligence débute par l'affirmation du moi et du non-moi qui contient tous ses développemens ultérieurs. Juger c'est affirmer. Le jugement contient ordinairement l'affirmation des deux termes du rapport; mais ces deux termes n'entrent dans l'entendement que par le jugement. L'analyse décompose ce fait complexe, et elle y distingue les deux termes que l'affirmation a rapprochés et vivifiés. Ces deux termes considérés isolément n'ont point d'existence propre; ce sont des abstractions sans vie, des fragmens de la pensée et non la pensée elle-même. Les mots qui les représentent dans le langage ont le même caractère, il n'y a, suivant l'heureuse expression des Chinois, qu'un seul mot vivant, c'est le verbe qui représente l'acte intellectuel de l'affirmation. Le jugement donne la vie à la pensée, comme le mot *est* la donne au langage : c'est le *fiat lux* de l'intelligence. L'affirmation ou le jugement est donc l'âme de la pensée, et c'est pour cela que le scepticisme absolu, s'il était possible, serait, comme l'a dit M. de la Mennais, le suicide de l'intelligence. Telle est la véritable nature du jugement. En le considérant ainsi, on voit qu'il diffère essentiellement de l'idée que l'ancienne philosophie ne parvenait pas à en distinguer, parce qu'elle donnait à l'idée une existence propre. L'idée n'est pas un fait intellectuel complet, c'est un élément de pensée, une poussière intellectuelle à laquelle manque le souffle de vie qui est l'affirmation.

Le nom de jugement s'applique à la faculté ou puissance de l'âme, à l'acte de cette faculté et au produit même de l'acte : ce produit énoncé dans le langage prend le nom de proposition. La proposition affirme ou nie l'existence d'un sujet avec ou sans attribut : je suis; je suis vieux. Dans le premier cas la proposition est substantielle, dans le second elle est attributive. Lorsque je dis : je suis ; j'affirme simplement mon existence, aucun des attributs compris dans le sujet n'est énoncé ; dans la seconde proposition : je suis vieux, il y a un attribut énoncé. La proposition substantielle n'a en apparence qu'un seul terme, la proposition attributive en a deux. La proposition attributive est analytique, si l'attribut est une qualité essentielle du sujet, comme dans celle-ci : les corps sont étendus ; elle est synthétique lorsque l'attribut désigne une qualité que le sujet ne contient pas nécessairement et logiquement (1).

Nous n'entreprendrons pas l'énumération des différentes sortes de propositions. On comprend facilement les variétés qui peuvent naître de la nature de l'affirmation absolue relative, conditionnelle négative, et de l'étendue des deux termes particuliers, généraux ou universels ; le simple bon sens suffit pour reconnaître ces différences. Si nous nous laissions aller sur cette voie, il est probable que nous arriverions insensiblement aux fameux vers techniques dont le ridicule a fait justice.

Du raisonnement.

Le mot raisonnement a trois acceptions comme le mot jugement ; il se dit de la faculté en puissance, de la faculté en exercice, et du produit de l'exercice de la faculté.

Raisonner c'est tirer un jugement d'un autre par déduction, par analogie ou par induction. On raisonne de deux manières, en descendant du général

(1) Voir la Préf. de Dugald Stewart, par FARCY.

au particulier ou du principe à la conséquence, et en remontant du particulier au général ou de la conséquence au principe. On emploie la première méthode pour découvrir la vérité, la seconde pour la démontrer.

Le jugement affirme ou nie un certain attribut de la totalité du sujet, quand le sujet est pris dans un sens composé. Ainsi lorsqu'on dit : Dieu est adorable, l'attribut adorable est affirmé du sujet tout entier; si donc on décompose l'idée de Dieu en ses divers élémens, si on en analyse la compréhension, l'attribut adorable s'appliquera à chacun des élémens fournis par l'analyse. Dieu est adorable : donc la justice; la puissance; la bonté de Dieu est adorable. Cette opération s'appelle raisonnement; la conclusion dans l'exemple précédent est légitime, parce qu'elle est contenue dans le principe. Si l'on disait il faut aimer l'homme, et qu'on analysât l'idée homme, où l'on trouverait des élémens contraires, tels que le vice et la vertu, on ne pourrait pas en conclure qu'il faut aimer le vice, parce que dans cette proposition l'attribut aimable ne s'appliquait qu'à une partie de la compréhension de l'idée homme.

Dans les raisonnemens par analogie ou par induction, on se trompe de la même manière en tirant une conclusion qui n'est pas contenue dans le fait particulier auquel on la rattache. Il faut, pour conclure légitimement, que l'analogie ou l'induction confirmée par l'expérience, ait conduit à un principe ou à une loi générale qui sert de base au raisonnement par déduction (1).

Tout l'artifice du raisonnement consiste donc à

(1) Voir la question XXII.

rattacher un jugement à un autre jugement, de telle sorte que l'un soit contenu dans l'autre. « Cette considération, dit M. Garnier (1), suffit pour montrer l'erreur dans laquelle on est tombé, quand on a cru pouvoir rapporter les idées nécessaires au raisonnement agissant sur les données de l'expérience, soit interne, soit externe. Comment l'objet nécessaire pourrait-il rentrer dans l'un des termes d'un rapport contingent, de manière que ce rapport contingent en fût la preuve ou le principe? Quel est l'objet contingent qui puisse être regardé comme contenant l'espace infini, de telle sorte que le raisonnement n'ait plus qu'à l'en faire sortir? Tout raisonnement ramenant ainsi un terme à un autre, il faut que ce terme primitif nous soit fourni par autre chose que le raisonnement. »

XIII.

De l'abstraction. — De la généralisation.

De l'abstraction.

La perception, la conscience et la raison mettent l'intelligence en rapport avec des phénomènes complexes. Ainsi, lorsque la connaissance d'un corps nous est transmise par les sens, nous le percevons comme étendu sous trois dimensions. La vue nous le transmet comme étendue colorée, le goût nous y fait percevoir la saveur, s'il est sapide; et l'odorat, l'odeur, s'il est odorant. Toutes ces qualités réunies dans un même sujet, l'esprit peut les considérer isolément en faisant abstraction de toutes les autres. Il peut,

(1) *Traité de Psychologie*, p. 97.

par exemple, détacher la largeur, la profondeur ou la couleur sans faire attention aux autres attributs de la même substance : cette faculté s'appelle l'abstraction. Quand on compare deux objets, et qu'on saisit entre eux un rapport de forme ou d'étendue, soit en plus, soit en moins, l'esprit peut faire abstraction des deux termes et isoler le rapport qui les unit ; c'est ainsi qu'il conçoit isolément la grandeur, la proportion, l'infériorité, la supériorité : agir de cette manière, c'est abstraire. L'abstraction isole donc les qualités ou les rapports des objets ; et après les avoir isolées, elle leur prête une existence propre qui n'est que celle du moi transportée à ses propres conceptions. La couleur, l'étendue, la grandeur, la forme n'ont point d'existence indépendante de la substance qui les manifeste ; mais l'esprit leur en donne une, en les isolant.

Cette faculté vient en aide à la faiblesse de l'intelligence ; sans elle l'esprit n'aurait que des perceptions vagues et confuses ; en divisant l'objet il se concentre sur chacune de ses parties qu'il examine isolément, et il peut ainsi procéder à une analyse qui, en éclairant successivement les parties du tout, répand une vive lumière sur l'ensemble récomposé par la synthèse. L'abstraction est la condition de toute analyse ; elle succède à l'intuition de la conscience, des sens et de la raison : c'est une faculté ultérieure qui entre en exercice, lorsque l'âme est déjà en possession d'elle-même par le développement spontané de son activité. L'abstraction nous a permis, dans l'étude de l'âme, de la considérer successivement sous trois aspects : c'est elle qui permet aux géomètres d'étudier l'étendue dans toutes ses dimensions ; aux mathématiciens, de suivre le nombre dans ses différentes combinaisons; aux physiciens, aux naturalistes, d'étudier isolément les forces de la nature et les substances qu'elle renferme. L'abstraction est le seul moyen de progrès pour une intelligence finie; l'intelligence infinie, qui saisit simultanément les qualités, les rapports et la substance des choses, n'en a pas besoin ; mais l'intelligence humaine, privée de cette faculté, serait arrêtée dès son début.

Toutes nos idées, si l'on a bien compris ce que c'est qu'une idée, sont abstraites, puisqu'elles représentent les qualités et les rapports des choses, moins l'existence. Le jugement seul ou la proposition qui l'exprime est concret. Les idées et les mots qui les représentent, considérés isolément, sont abstraits : ces abstractions prennent vie dans la pensée par l'affirmation, et dans le langage par le verbe. C'est pour avoir confondu l'idée et le jugement que les métaphysiciens ont reconnu des idées concrètes.

L'abstraction est donc le principe de l'analyse, et par conséquent de la marche de l'intelligence, puisque l'esprit ne s'avance qu'en décomposant les notions primitives que la synthèse recompose plus tard ; elle est aussi le principe des idées et des mots qui sont le produit ultérieur de cette analyse.

L'écueil de l'abstraction est d'induire l'esprit à reconnaître comme réelle l'existence qu'il prête à ses conceptions. Comme en les isolant ou en les nommant dans leur isolement, il les vivifie par l'affirmation, et que le langage admet implicitement cette vie en leur donnant la forme substantive, l'esprit devient dupe de lui-même, il adore son œuvre, sans songer qu'elle n'a d'autre substance que lui-même. Les qualités et les rapports n'ont au-dehors d'autre existence que celle de la substance qu'ils manifestent, et au-dedans que celle de la pensée. L'illusion, qui leur prête une vie réelle, a chargé l'Olympe des anciens du poids de trente mille divinités, sous lesquelles il s'est écroulé ; c'est elle qui a enfanté toutes les idées chimériques qui déshonorent les sciences, et entravent la marche de l'esprit humain. La philosophie, qui devait en faire justice, en a créé pour sa part plus que toutes les autres ; elle a pris au sérieux les fantômes nés de son cerveau, et elle en est encore aujourd'hui à lutter contre leur funeste influence. Le plus terrible de ces fantômes est l'idée que l'école écossaise a vigoureusement combattue, mais que la lutte n'a pas complètement terrassée, et qui s'obstine encore à se placer entre l'intelligence et la nature comme pour les éclairer et les unir, mais en réalité pour les troubler et les détruire à son profit.

De la généralisation.

La généralisation est la faculté de l'esprit par laquelle nous étendons une notion abstraite à toute une classe d'êtres ou de faits. Abstraire et généraliser sont donc deux opérations distinctes. On peut abstraire une qualité sans l'étendre au-delà de l'objet dont on l'a détachée. L'abstraction isole les qualités et les rapports, la généralisation unit les individus et les faits, qu'elle distribue en classes, et qu'elle soumet à des lois.

Si la faculté de généraliser manquait à l'intelligence, il n'y aurait pour elle que des individus et des faits isolés ; toute perception serait individuelle ; elle ne connaîtrait point l'homme, mais des hommes en raison du nombre d'individus qu'elle aurait observés ; elle ne connaîtrait pas le mouvement et ses lois, mais tel mouvement dans telle circonstance donnée. Par la généralisation, les individus se rattachent à une famille et les faits à une loi.

L'idée générale, bien qu'elle doive son origine à la perception, n'a point de type formel ; c'est une pure notion. Si elle avait une forme déterminée, elle cesserait d'être générale. Si l'idée d'animal était une image, elle représenterait tel ou tel animal et ne servirait pas à reconnaître tous les animaux ; elle s'appliquerait à un individu déterminé, et elle ne les embrasserait pas tous.

Ce caractère d'indétermination a fait croire à certains philosophes, que l'idée générale n'existait que par le mot qui la désigne : mais si cela était vrai, le mot ne servirait à rien. Que produirait sur l'intelligence le mot homme s'il ne répondait pas à une notion : ce serait une perception de son et pas autre chose. Si lorsque nous entendons prononcer le mot homme, ce mot réveille l'activité de l'intelligence, c'est qu'il répond à une notion et qu'il n'est pas simplement un mot. Les mots de vertu, de raison, de rapport, d'élasticité, d'attraction disent quelque chose à l'intelligence, quoiqu'il n'y ait point d'image sensible qui corresponde à ces dénominations. Ce fait est fort inquiétant pour ceux qui n'admettent que les connaissances sensibles, et qui nourrissent l'intelligence d'images empruntées au monde extérieur : mais nous ne nous chargeons pas de les tirer d'embarras.

Les idées générales qui classent les individus, naissent à la suite de l'observation. C'est un fait incontestable que, lorsque nous avons vu un certain nombre d'individus semblables, ces individus nous sont connus comme semblables, et qu'à l'aide de cette notion nous rangeons dans la même famille tous les êtres qui nous apparaissent avec le même caractère. Tous les hommes que nous voyons lorsque nous sommes en possession de l'idée d'homme, cessent pour nous d'être de simples individus; nous les reconnaissons pour appartenir à une certaine classe. Puisque nous les reconnaissons, nous les connaissions donc sous un certain rapport avant de les avoir vus : ce rapport, c'est l'idée générale.

Les idées générales qui unissent les faits sous une loi, sont des données de l'observation et de l'induction. Lorsque nous avons vu un certain nombre de faits se succéder dans un ordre constant, nous les unissons par la pensée. Ce lien est une loi, une idée générale; et lorsque les mêmes faits ou des faits analogues se reproduisent, nous les expliquons et nous les unissons, en vertu de la notion antérieure à l'observation actuelle. Ils ne nous apparaissent plus comme de simples phénomènes, mais comme des cas particuliers d'une loi générale. Cette reconnaissance n'aurait pas lieu, si notre intelligence ne contenait pas une notion en vertu de laquelle le fait n'est pas complètement nouveau pour nous.

Les notions générales à l'aide desquelles nous apprécions les phénomènes extérieurs et les actes sous le rapport de la beauté et de la moralité, relèvent de la raison. Nous rangeons les phénomènes qui nous présentent le caractère de beauté dans une même classe, ainsi que les actes qui présentent le caractère de moralité. Nous ne pourrions pas les unir ainsi, si l'intelligence ne contenait pas la notion générale du beau et du moral. Cette notion ne répond pas à un type, elle ne se présente pas sous la forme d'une image ; mais elle n'en est pas moins réelle, puisqu'elle unit des phénomènes et qu'elle sert à les caractériser.

Descartes considérait ces notions comme innées ; Kant en fait des formes de l'intelligence qui les impose aux faits extérieurs, comme le moule imprime sa forme à la cire ; Platon les explique par la condition antérieure de l'âme, lorsqu'elle vivait au sein de la substance universelle qui contient le type ou l'exemplaire de toutes les créatures. Selon lui, ces notions vivent dans l'intelligence, et s'y réveillent en présence des objets extérieurs qui les réalisent. Nous avons déjà donné notre opinion sur ces systèmes; nous ne les avons ni adoptés ni réfutés absolument ; nous considérons ces notions comme les produits d'une faculté spéciale, sans remonter à la raison de cette faculté : c'est un problème d'ontologie dont nous n'abordons pas la solution.

Les idées générales que l'on confond sous une

même dénomination, malgré la diversité de leur origine, ont soulevé au moyen âge la célèbre discussion entre les réalistes et les nominaux. Il était difficile de s'entendre, puisque le débat portait sur un terrain vague, et que le même mot désignait des faits distincts.

Les réalistes avaient raison contre les nominaux, en soutenant que les idées générales n'étaient pas de simples appellations, puisque des mots n'ont pas la puissance de créer des idées, et que, pour solliciter l'intelligence, il faut qu'ils répondent à une notion quelle qu'elle soit. Les nominaux de leur côté triomphaient des réalistes, en soutenant que ces notions n'avaient pas une existence propre ni un type déterminé.

Les idées générales de la perception, de l'induction et de la raison n'ont d'autre réalité que celle du sujet pensant, elles n'ont point de type dans l'esprit ni hors de l'esprit, et elles naissent à l'occasion des faits extérieurs par le seul fait de l'activité de l'esprit : cette solution laisse de côté le problème fondamental des facultés de l'âme, mais c'est la seule qui se puisse donner dans l'état actuel de la science philosophique.

XIV.

De la mémoire. — De l'association des idées.

De la mémoire.

L'âme n'est pas seulement douée de la faculté de connaître, elle possède aussi le privilége de conserver et de rappeler les connaissances acquises.

« Ce ne sont pas seulement certaines idées que l'âme garde et se représente, comme, par exemple, les perceptions individuelles et particulières, ou les perceptions sensibles. Non, toutes les perceptions quelles qu'elles soient, sensibles ou morales, particulières ou générales, elle peut toutes les faire revivre ; nulle ne lui est interdite. Les conclusions les plus éloignées, comme les plus simples intuitions, les vues les plus étendues, les notions les plus immédiates ; les imaginations comme les perceptions, le faux comme le vrai, le clair comme l'obscur, il n'est rien qu'elle ne soit en état de renouveler dans l'esprit (1). » Cette faculté de conserver ou de rappeler toutes les notions intellectuelles s'appelle mémoire.

Le mot de mémoire désigne donc deux faits distincts, la conservation et le retour des notions. Comme dépôt de connaissances, la mémoire n'est pas à proprement parler une faculté, mais une simple capacité dont nous essaierons plus loin de donner la raison.

Le retour des connaissances manifeste une véritable faculté, c'est-à-dire un développement d'activité : ce retour se fait de deux manières, ou spontanément ou volontairement. Les idées nous reviennent ou nous les rappelons : dans les deux cas, le retour de l'idée est un fait d'activité ; mais dans le premier cas, l'activité est spontanée, elle se déploie fatalement, et dans le second cas, elle est dirigée par la volonté. La mémoire spontanée est l'antécédent nécessaire de la mémoire volontaire ;

---

(1) Damiron, *Cours de Philosophie*, p. 111.

car évidemment pour vouloir se souvenir, il faut s'être souvenu sans l'avoir voulu. La mémoire procède comme la pensée, dont au reste elle n'est qu'une forme particulière.

La mémoire conserve et reproduit les notions telles qu'elle les a reçues. L'esprit ne prête pas une égale attention à tous les objets ni à toutes les parties du même objet ; il s'en assimile plus particulièrement la partie qui répond à sa nature propre, au goût qui le domine. Toute la portion qu'il néglige ne fait que l'effleurer, et il n'en reçoit qu'une faible impression qui s'efface rapidement. Ainsi, le poëte, le philosophe, le naturaliste ne considéreront pas le même objet sous un point de vue identique, l'impression qu'ils en recevront ne sera pas la même, et le souvenir reproduira les variétés de la perception. Il arrive souvent qu'un fait nous frappe sous un certain rapport, l'intelligence s'attache à ce rapport et néglige les autres circonstances, telles que celles de temps et de lieu. La notion s'établit dans l'intelligence séparée de ces circonstances. Les souvenirs de cette nature, et ils sont très-nombreux, prennent le nom de réminiscences, ainsi que la faculté qui les transmet : la réminiscence est une variété de la mémoire.

Nous avons dit que la mémoire entre spontanément en exercice, ce n'est pas à dire qu'elle n'y soit sollicitée par aucun motif. C'est toujours à l'occasion de quelque fait intérieur ou extérieur qu'elle se déploie : ces faits sont accidentels. Ainsi, une émotion ou une perception donne l'éveil à l'activité de l'esprit qui s'apparaît avec telle ou telle notion ;

cette notion en amène une autre qui passe à son tour sous l'œil de la conscience : c'est là un fait de mémoire spontanée ; mais la volonté peut intervenir et prendre la direction de cette faculté qui est entrée en fonction sans sa participation. Un souvenir étant donné spontanément, la volonté s'empare de ce souvenir, et pousse l'intelligence à la recherche de nouvelles notions, elle les excite, les réveille et les ramène au grand jour par sa propre énergie : ce fait ultérieur appartient à la mémoire volontaire.

La mémoire se fortifie par l'attention et par l'exercice. Si l'esprit s'attache à l'observation d'un objet, s'il le considère avec attention, et qu'il ne le quitte qu'après s'être bien assuré qu'il le connait, il en conservera fidèlement l'empreinte ; si ensuite il reprend ce souvenir et le ramène à plusieurs reprises en sa présence, la mémoire gardera le dépôt qu'il lui confie et le lui rendra au premier appel. Si au contraire il ne fait qu'entrevoir l'objet, et qu'il néglige de rappeler cette vague perception, la mémoire en rejettera bientôt l'empreinte, et le souvenir périra dans l'intelligence. En un mot, la mémoire, comme toutes les facultés, emprunte sa puissance à l'attention et à l'activité.

On a essayé d'expliquer comment l'âme conserve les notions qu'elle acquiert, on s'est demandé si elle les gardait en elle-même ou dans le cerveau. Les partisans du premier système ont pensé que l'âme étant essentiellement active, agissait constamment, et que pour les notions qu'elle conserve, bien qu'elles n'occupent plus l'esprit, elles ne cessent pas d'être, mais qu'elles demeurent comme des actes obscurs. C'est une activité latente qui manque de lumière et non de réalité, voilée et non éteinte, à-peu-près comme la chaleur lorsqu'elle ne se manifeste pas par la lumière. (1) Cette explication est neuve et ingénieuse ; nous la croyons vraie, du moins en partie. La plupart des philosophes ont attaché le souvenir aux fibres du cerveau, qui conservent la faculté de reproduire, sous l'impulsion de l'âme, les mouvemens qui avaient accompagné la perception primitive. Nous ne pensons pas qu'il faille rejeter absolument cette seconde opinion, et nous estimons que, si l'on distingue les véritables caractères des diverses notions de l'intelligence, on verra que les unes se prêtent à la solution indiquée par M. Damiron, et que les autres doivent être attachées aux mouvemens de l'appareil cérébral. Les notions que reproduit la mémoire sont métaphysiques ou figurées ; j'appelle métaphysiques toutes celles que l'intelligence ne se représente pas sous une image. Ainsi les idées générales, les lois, les principes n'ont point de forme sensible, elles s'unissent à l'âme, la pénètrent et deviennent une partie intégrante de sa vie, elles s'y incorporent et ne forment qu'un avec elle. Soit que la conscience les éclaire, soit qu'elles demeurent voilées, elles président à tous nos jugemens et à toutes nos déterminations ; elles sont comme la lumière qui éclaire et qui n'est pas visible directement ; une fois conçues, elles adhèrent à l'intelligence, et lors même qu'elles échappent à la conscience, elles vivent toujours de la vie même de l'âme. Nous ajou-

---

(1) Damiron, *Cours de Philosophie*, p. 114.

terons même qu'elles sont d'autant moins sensibles qu'elles ont pénétré plus profondément ; l'habitude les efface en les affermissant (1). C'est cette assimilation complète qui est le principe de l'innéité de Descartes et des formes de Kant. La solution de M. Damiron s'applique parfaitement à ces notions métaphysiques, mais nous ne pensons pas qu'elle rende compte également de la conservation et du retour des notions sensibles ou imagées. Si l'image vivait dans l'esprit, elle y serait toujours sensible, et d'ailleurs on ne comprend pas comment le sujet simple de la pensée pourrait absorber l'étendue sensible et se l'assimiler ; il est plus vraisemblable de supposer que le cerveau s'assimile le monde sensible comme l'âme le monde intelligible, et que le cerveau, dans le fait du souvenir sensible, devient visible à l'âme. Nous ne connaissons pas les lois de cette optique cérébrale ; mais après tout, elle n'est pas plus mystérieuse que l'optique physique dont les miracles ne nous étonnent plus, quoique nous n'en ayons pas le secret : « C'est plutôt accoutumance que science qui nous en ôte l'étrangeté (2). » On se sentira davantage porté à admettre cette hypothèse, si l'on considère que le souvenir de la perception sensible ou le retour des images ne se produit guère que dans le rêve et dans les fortes excitations du système cérébral : c'est d'ailleurs le seul moyen d'expliquer l'objectivité des perceptions dans le songe, le délire et la folie. Nous regrettons de jeter ainsi ces idées qui peuvent sentir le paradoxe, sans les ac-

(1) Maine de Biran, *Mémoire sur l'habitude.*
(2) Montaigne.

compagner de développemens qui pourraient les éclaircir ; mais nous les croyons justes, et nous nous réservons, si la méditation les affermit dans notre esprit, de les exposer avec plus d'étendue (1).

De l'association des idées.

L'âme et le cerveau ne conservent pas seulement les notions et les images, ils les conservent dans un certain ordre, et ils les unissent dans des rapports tels que leur réveil est simultané. Elles se groupent pour ainsi dire par familles, de telle sorte qu'elles apparaissent simultanément ou dans un ordre de succession déterminé. C'est ainsi que l'intelligence retrouve une série d'idées qu'elle parcourt régulièrement : ce phénomène constitue ce qu'on appelle l'association des idées.

L'association des idées est, comme la mémoire, une capacité et une faculté ; comme capacité, c'est la propriété que possède l'âme de conserver les notions dans un certain ordre ; comme faculté, c'est l'âme elle-même, unissant spontanément ou volontairement les notions qu'elle forme ou les images qu'elle perçoit par son activité.

L'association, soit spontanée, soit volontaire, se

(1) Lorsque la mémoire reproduit ainsi les objets sensibles avec une vivacité qui les fait revivre dans toute leur réalité, elle prend le nom d'imagination. Ce mot s'applique aussi à la faculté spéciale de combiner les images, de manière à créer des types nouveaux que l'art réalise dans ses œuvres. Cette faculté, qui a son nom dans toutes les langues, et qu'on ne peut confondre avec aucune de celles que nous avons examinées, ne figure pas dans le programme adopté par le conseil Royal, sans doute parce que les rédacteurs de ce programme l'ont considérée comme une fonction particulière de la mémoire et de l'association des idées.

produit en vertu de rapports naturels ou arbitraires. Ainsi deux notions s'associeront dans l'intelligence, si les faits, à l'occasion desquelles elles se sont produites, ont été contigus dans le temps ou dans l'espace ; s'ils présentent entre eux des rapports de ressemblance ou de différence ; si nous y attachons un même sentiment ; s'ils dérivent d'un même principe ; si les mots qui les représentent dans le langage ont une forme analogue : les notions se classent dans l'esprit suivant une infinité de rapports, et leur association est régulière ou bizarre selon la nature de ces rapports.

La faculté d'association commence par s'exercer spontanément : il ne dépend pas d'abord de nous que nos idées se classent dans tel ou tel groupe ; mais la volonté peut s'emparer de cette faculté comme de toutes les autres, et en diriger l'exercice au profit ou au détriment de la pensée ; elle peut briser des associations déjà formées, et en établir de nouvelles.

Ce que nous avons dit de l'influence des notions métaphysiques sur les jugemens (1) et sur les actions qui traduisent les jugemens, et de la manière dont elles s'incorporent à la pensée, montre combien il importe d'associer les idées dans des rapports légitimes : c'est surtout dans l'ordre moral que les conséquences de ces associations se font sentir. Si,

(1) Idola et notiones falsæ qua intellectum humanum jam occuparunt atque in eo altè hærent, non solum mentes hominum ita obsident ut veritati aditus difficilis pateat ; sed etiam dato et concesso aditu, illa rursus in ipsa instauratione scientiarum occurrent et molesta erunt ; nisi homines præmoniti, adversus ea se, quantum fieri potest, muniant. BACON, *novum organum.* Aph. XXXVIII.

par exemple, l'idée de devoir s'est associée dans notre esprit à celle du plaisir, toute notre conduite se dirigera d'après ce faux jugement, et notre esprit légitimera les plus graves infractions à la loi morale. Dans nos jugemens sur les actions des hommes, nous nous égarons souvent, en vertu de l'association qui se fait sous l'influence de la passion, entre telle vertu et telle opinion, telle qualité et telle nation. Ainsi il suffit souvent de savoir l'opinion, la classe, le pays d'un individu, pour voir en lui un homme vertueux ou méchant : les fausses associations d'idées sont le principe de presque tous les sophismes.

L'association, par les rapports de différence, donne lieu a des méprises de langage qui se reproduisent très-fréquemment pour les esprits inattentifs. Il leur arrive très-souvent de dire précisément le contraire de ce qu'ils veulent énoncer : c'est que l'idée présente a réveillé l'idée opposée qui lui était associée, et que les mots qui sont, comme nous le verrons plus tard, la forme substantielle de la pensée, s'étant produits en même temps, la langue, dans la distraction de l'esprit, prononçant l'un des deux indifféremment, s'est arrêtée à celui qu'il ne fallait pas. C'est jouer de malheur ; mais dans la pensée comme dans l'action le malheur est le juste prix de l'inattention.

L'association des notions métaphysiques s'opère non seulement entre ces notions, mais entre leurs élémens; tel élément s'unit avec la totalité ou seulement avec quelque partie d'une autre. Ces combinaisons, qui se multiplient à l'infini, engendrent, par l'accouplement qu'elles opèrent, les conceptions les plus belles ou les plus étranges, selon la nature et les rapports de leurs molécules organiques, s'il est permis d'ainsi parler.

L'association des images s'accomplit de la même manière. Une image s'unit à l'autre dans le cerveau, et lorsque la partie de l'appareil cérébral qui les contient est ébranlée, elles se reproduisent simultanément ou successivement. En outre, les élémens de ces images, isolés par l'abstraction, peuvent se réunir et former des images nouvelles qui n'ont point de type extérieur dans la nature. C'est ainsi que se forment les composés les plus sublimes et les plus bizarres ; le beau idéal et le grotesque n'ont pas d'autre origine : ces sortes d'images sont de véritables créations, et la faculté qui les produit prend le nom d'imagination, faculté complexe dans laquelle nous trouvons l'abstraction qui divise les notions composées, et l'association en idées qui réunit des élémens épars, rapproche et confond dans un type nouveau des traits empruntés à diverses figures.

XV.

De l'activité et de ses divers caractères. — De l'activité volontaire et libre. — Décrire le phénomène de la volonté et toutes ses circonstances.

De l'activité et de ses divers caractères.

L'activité, c'est la force en action ; mais l'action ne se produit pas uniformément, elle est spontanée ou volontaire, et elle est spontanée avant d'être volontaire ; car comment voudrait-on agir si l'on n'avait pas agi d'abord sans le vouloir ? *Ignoti nulla cupido*.

La spontanéité est donc la première forme de l'activité. Les premiers mouvemens du corps, comme ceux de l'intelligence et de la sensibilité, sont donc involontaires. L'enfant se meut spontanément pour satisfaire les besoins de son corps ; c'est par un mouvement spontané qu'il dirige les organes de sa perception externe vers les causes physiques, premières causes de ses connaissances ; c'est spontanément qu'il en affirme l'existence, et qu'il se détermine à agir en raison de ses idées et de ses sentimens. La réflexion, c'est-à-dire le retour de l'âme sur elle-même, suppose un mouvement primitif en ligne droite, parti du sujet pour aller à l'objet. La force est déterminée à l'action en vertu de sa propre énergie, et aussitôt qu'elle est avertie de son existence par le sentiment, elle se déploie fatalement ; mais l'âme n'est pas seulement douée d'une force d'expansion, elle peut aussi se concentrer et revenir sur elle-même. La respiration qui, dans son double mouvement, est l'expression de la vie physiologique, est aussi l'emblême sensible de la vie psychologique. Dans son mouvement réfléchi, l'âme prend possession d'elle-même ; et lorsqu'elle reproduit les actes de la spontanéité, c'est elle qui les détermine et les dirige : cette seconde forme de l'activité constitue la volonté.

L'activité nous apparaît donc sous deux formes diverses qui sont la manifestation d'un principe unique : c'est la même force qui agit dans la spontanéité et dans la volonté ; mais le mode d'action est différent. La volonté suppose un retour de la force sur elle-même, tandis que la spontanéité est un développement primitif et instinctif.

De l'activité volontaire et libre.—Décrire les phénomènes de la volonté et toutes ses circonstances.

La volonté est un fait complexe ; nous avons vu qu'elle avait pour antécédent nécessaire la spontanéité : nous allons examiner maintenant comment elle se produit, et quels sont les élémens qui la complètent. D'abord l'âme dans son retour sur elle-même, se possède et se maintient ; mais se posséder, se maintenir, c'est agir négativement ; c'est, pour emprunter une expression de M. Damiron, stationner avec énergie, mais non aller en avant. Dans cette situation, il n'y pas de raison d'agir : avant de se déterminer à l'action, il faut un motif qui donne l'impulsion. Que manque-t-il à l'âme pour avancer et se déterminer de quelque façon ? La connaissance de la route qu'elle doit prendre et tenir. Elle cherche donc cette route, elle regarde, elle considère, elle entre en un mot en délibération ; la délibération, suivant l'objet qui la provoque, met en jeu tout ou partie des facultés de l'intelligence. Cette opération complexe aboutit à la décision ou détermination, résolution d'agir ou de ne pas agir, selon l'occurrence. Quand la décision est affirmative, l'âme se porte à l'action, et l'accomplit selon son pouvoir. Que l'action s'exécute, et qu'elle mette à bonne fin la détermination prise, ou qu'elle échoue par l'infériorité relative des moyens employés, peu importe, le fait psychologique de la volonté est complet, lorsque l'âme, après s'être possédée, s'est mise à délibérer, et que la délibération, suivie d'une décision, a pris un commencement d'exécution. La volonté se compose donc de quatre faits élémentaires : possession, délibération, détermination, action. Ces quatre faits s'enchaînent l'un à l'autre, de telle sorte que la délibération est en raison de la possession, la détermination en raison de la délibération, et l'action en raison de la détermination. En effet, si l'âme ne se possédait pas complètement, si la fatalité des passions ou l'infirmité de ses moyens de connaître troublait l'exercice de ses facultés, la délibération souffrirait de cette impuissance. La détermination à son tour serait mauvaise et contraire à la raison si la détermination avait été incomplète ou mensongère ; mais il faut remarquer, à propos de la détermination, qu'elle n'est pas précise en raison des lumières, mais de la foi que la délibération a engendrée ; d'où il résulte que la détermination n'est pas l'expression de l'étendue, mais de la fermeté de l'esprit. Les esprits étendus faisant porter la délibération sur une grande surface, sont plus exposés à demeurer dans le doute ou à n'atteindre que la probabilité ; tandis que les esprits étroits, ne voyant qu'un point ou qu'un côté des choses, y concentrent toutes leurs forces et arrivent plus facilement à la foi qui est le principe de la détermination ; quant à l'action, elle est toujours en raison directe de la détermination, énergique si la détermination est ferme, molle et languissante si la détermination est vague et indécise.

La volonté a sa raison dans la liberté ; c'est parce que l'âme est une force libre qu'elle est douée du pouvoir de se posséder, de se déterminer et d'agir avec intelligence, c'est-à-dire avec la connaissance du but et des moyens d'action. L'âme est une force libre en tant que cause première ; elle est cause première, non comme substance, puisque sa raison d'existence est en Dieu dont elle émane, mais comme force intelligente et principe de ses actes.

XVI.

Démonstration de la liberté.

La liberté humaine n'est pas absolue ; elle est suspendue dans le sommeil et dans le délire ; elle est limitée dans l'entendement par l'évidence qui force le jugement ; dans la sensibilité, par les passions qui, à un certain degré d'énergie, emportent la volonté, et maîtrisent la raison ; dans l'action par les forces qui l'entourent et qui bornent sa sphère d'activité. Cette sphère est bornée du côté de l'intelligence et du côté des sens, et lorsque l'homme veut la franchir, Dieu a bientôt raison des témérités de l'esprit et des excès de la passion, par la folie et par l'abrutissement.

On a élevé plusieurs objections contre la liberté. Ces objections sont tirées de la prescience de Dieu et de la puissance des motifs. La première est extrinsèque et la seconde intrinsèque.

Si Dieu sait d'avance nos actes, ces actes se feront nécessairement, sans quoi la prescience de Dieu serait en défaut, et l'être souverainement parfait cesserait d'être infaillible ; ce qui est contradictoire. Nous nous occuperons de cette objection, quand nous examinerons les attributs de Dieu.

L'autre objection se formule ainsi. L'âme n'agit pas

sans motifs ; les motifs lui donnent l'impulsion, ils la déterminent à se porter d'un côté plutôt que d'un autre : ils l'entraînent donc nécessairement ; elle n'est donc pas libre.

La force de cette objection repose sur une fausse métaphore : on se figure la volonté sous la forme d'une balance, dont les motifs chargent les bassins qui s'élèvent ou s'abaissent suivant le poids dont ils sont chargés. On oublie, sous l'influence de cette figure, que les motifs n'ont pas un poids qui leur soit propre, mais qu'ils le reçoivent de la volonté. Ainsi, bien que les motifs déterminent la décision dans un sens plutôt que dans un autre, c'est toujours la volonté qui fait pencher la balance, puisque c'est elle qui donne le poids aux motifs.

Au reste, ces objections qui peuvent ébranler notre foi à la liberté, lorsque l'esprit les envisage isolément, perdent toute valeur lorsque nous considérons en lui-même le fait de la liberté, et que nous examinons les conséquences de la fatalité, seul système possible après la négation de la liberté.

La liberté de l'homme se démontre directement et indirectement ; directement, par le témoignage de la conscience, et indirectement, par les conséquences du principe opposé.

C'est un fait incontestable, que nos actes nous paraissent un produit de notre volonté ; que, lorsque nous nous déterminons après délibération, nous savons que cette détermination nous appartient, que nous aurions pu la prendre ou ne pas la prendre, et que nous nous en imputons le tort si elle est contraire aux principes de la morale, et le mérite si elle y est conforme. Cette imputation prouve la conviction où nous sommes que la détermination et l'acte qui l'a suivie nous appartiennent en propre. Sur ce point la conscience parle clairement, et son témoignage est irrécusable : si ce témoignage était trompeur, nous ne trouverions pas en nous le moyen de le confondre, et l'erreur dans laquelle il nous entraînerait serait invincible ; il y a évidence de conscience, et par conséquent vérité. L'homme se croit libre : donc il est libre ; car s'il ne l'était pas il faudrait admettre qu'il est le jouet d'une force supérieure qui le livre à une illusion qu'il ne saurait reconnaître : ce qui implique contradiction avec l'idée de Dieu, source de toute vérité.

Si l'homme n'était pas libre, c'est-à-dire si toutes ses déterminations étaient fatales, ainsi que ses actions, il n'y aurait pas lieu à les lui imputer ni à les qualifier ; elles seraient impersonnelles et indifférentes. La distinction entre le bien et le mal se trouverait aussi chimérique que la croyance à la liberté. Les éloges donnés à la vertu, et les châtimens infligés au crime impliqueraient duperie ou iniquité. Le criminel à qui la justice demande compte de ses actions, pourrait en reporter la responsabilité à la cause supérieure dont il serait l'aveugle instrument, et le juge serait tenu d'absoudre en lui la nécessité, comme il absout la folie et l'erreur.

La doctrine qui nie la liberté humaine ou le fatalisme, affaiblit chez les nations, comme chez les individus, le ressort de la vie, elle conduit à l'apathie quand elle n'entraîne pas au crime. C'est le fatalisme qui condamne l'Orient à l'immobilité ; c'est lui qui a tari les sources de la vie sociale chez les Musulmans, et qui a préparé cette mort dont les derniers symptômes frappent aujourd'hui tous les yeux : si le principe qui recélait cette catastrophe a opéré si lentement, c'est qu'il n'agissait pas seul, et qu'il avait à détruire une organisation robuste.

Puisque le fatalisme est également funeste aux individus et à la société, puisqu'il enlève à l'homme le mobile de ses actions, à la société le principe d'où relève son autorité sur ses membres; puisque, d'une autre part, ce système accuse d'imposture la providence, source de toute vérité, il est par cela seul convaincu de fausseté; car si quelque chose est vrai, c'est ce qui a l'absurde pour contraire. Il n'y a pas de meilleur argument que celui-ci : cela est; car il serait absurde que cela ne fut pas. Les principes ne se prouvent pas autrement; ceux qui ne peuvent pas invoquer la preuve par l'absurde, sont de pures hypothèses qu'on admet ou qu'on repousse selon les intérêts de l'opinion qu'on veut faire prévaloir.

La liberté de l'homme se trouve donc hors de toute atteinte.

Comme fait, elle repose sur le témoignage de la conscience, qui est irrécusable.

Comme principe, elle s'appuie sur la preuve par l'absurde, qui est un argument invincible.

XVII.

Du moi; de son identité; de son unité.

Du moi.

« L'âme est autre chose que le moi, ou plutôt elle existe avant d'être *moi* ; elle le devient en se développant ; et lors même qu'il lui arriverait de cesser de se connaître ou de mourir à la conscience, elle serait encore malgré tout, dût-elle n'être, à d'autre titre, que les élémens désunis d'un corps qui se dissout ou qu'une force qui se perd dans le vague sein de l'être (1). »

Le moi, c'est la force douée de conscience ; c'est la vie se connaissant elle-même.

Le moi est identique, c'est-à-dire qu'il ne cesse pas d'être lui, quelle que soit la variété de ses formes ; en effet, soit que l'âme agisse, soit qu'elle comprenne, soit qu'elle souffre ou qu'elle jouisse, elle sent qu'elle demeure identique sous ces états divers et dans ces différens actes. La conscience atteste cette permanence au sein de cette infinie variété. L'âme dit *moi* dans le passé comme dans le présent; elle n'admet pas dans sa durée de solution de continuité ; elle se reconnaît identique dans la perpétuelle mobilité de ses idées, de ses émotions et de ses volontés. Cette identité qu'elle avoue et qu'elle proclame, constitue sa personnalité. L'identité du moi est un fait de conscience et de mémoire.

(1) Damiron, *Cours de Philosophie*, p. 1.

De son identité.

L'identité a pour conditions l'unité et l'activité.

Si le moi était composé et multiple, il aurait le sort de tout ce qui est multiple et composé, il serait sujet à division, à dissolution, et par conséquent à mutation ; peu à peu ou tout à coup, brusquement ou avec transition, il perdrait quelqu'une de ses parties ou toutes à la fois ; il serait identique à la manière des corps qui ne le sont pas véritablement.

Le moi doit à l'unité de conserver son intégrité et d'échapper à la division ; mais l'unité ne le garantit pas de la destruction qui est le plus radical des changemens ; c'est par la vie, c'est par l'activité continue qu'il se maintient ; il faut donc à son identité une double sauve-garde : l'unité et l'activité ; il faut qu'il soit un, et de plus qu'il ne cesse pas d'agir ; car l'interruption complète du mouvement, c'est la mort, et le moi pour reparaître appellerait une création nouvelle, un nouvel acte de la puissance créatrice : le fil une fois rompu, on ne comprend pas qu'il puisse se reprendre et se rattacher à lui-même.

De son unité.

L'unité du principe intelligent, sensible et actif, ressort évidemment de toutes ses opérations. Il n'y en a pas une seule qui puisse s'expliquer dans l'hypothèse d'un sujet multiple. Prenons la comparaison, et disons avec M. la Romiguière, ce patriarche de la philosophie, qui a su prêter aux idées les plus élevées les grâces et la lucidité d'un langage inimitable : « Une substance ne peut comparer qu'elle n'ait deux sentimens distincts ou deux idées à la fois : si la substance est étendue et composée de parties, ne fût-ce que de deux, où placerez-vous les deux idées ? seront-elles toutes deux dans chaque partie, ou l'une dans une partie, et l'autre dans l'autre ? Choisissez, il n'y a pas de milieu : si les deux idées sont séparées, la comparaison est impossible ; si elles sont réunies dans chaque partie, il y a deux comparaisons à la fois, deux substances, deux *moi*, mille, si vous supposez l'âme composée de mille parties. »

Les phénomènes de la sensibilité ne s'accordent pas davantage avec l'hypothèse d'un sujet multiple. Le principe qui aime, qui souffre et qui jouit, ne peut être composé ; car la conscience n'atteste qu'un amour, qu'une douleur, qu'un plaisir, et non des portions d'amour, de douleur et de plaisir : ce qui arriverait inévitablement, s'il y avait plusieurs sujets sensibles, ou si le fait de la sensibilité se morcelait entre les parties de la substance. Lorsque nous éprouvons plusieurs sentimens simultanés, ces sentimens aboutissent à un centre commun, et leur simultanéité même prouve invinciblement l'unité du principe sentant ; car s'ils n'étaient pas présens sur un point unique et indivisible, on aurait le sentiment d'autant de moi qu'il y aurait de sensations : or la conscience dément cette multiplicité.

Le même raisonnement s'applique avec non moins d'évidence aux faits de la volonté. En effet, dans la détermination et dans l'action, toutes les facultés de l'âme et tous les organes du corps concourent à un même but. S'il y avait plusieurs moi ou plusieurs causes d'action, d'où viendrait cette unité ? Il y aurait dans cette hypothèse autant de directions que de centres, et l'action serait divergente en même temps que multiple : l'acte serait impossible.

« L'intelligence implique l'unité de l'être pensant, la sensibilité celle de l'être sentant, et la volonté celle du sujet voulant. D'une autre part, le moi qui se sait connaissant, se sent aussi sentant et voulant : ces trois facultés ne peuvent donc appartenir qu'à un sujet non multiple (1). »

L'unité du moi est donc incontestable.

Nous avons déduit l'unité du moi de la nature même de ses opérations ; la multiplicité ou la composition du corps ou des organes matériels auxquels l'âme est attachée, résulte de ses qualités et de ses modes. Le corps est étendu et divisible, il correspond simultanément à plusieurs points de l'espace, et les parties dont il se compose peuvent se détacher et se morceler, sans qu'on puisse assigner de terme à cette division. L'étendue et la divisibilité ne peuvent être que des attributs d'un sujet multiple ; et de même que l'examen des faits de la pensée, de la sensibilité et de la volonté, nous a amenés à reconnaître la simplicité de la substance qu'elles manifestent, nous sommes forcés de rapporter à une substance multiple l'étendue et la divisibilité qu'on ne peut sans contradiction attribuer à un sujet simple. Nous concluons du phénomène que nous voyons

(1) Garnier, p. 179.

à la substance que nous n'atteignons pas : ce n'est qu'en contestant cette conclusion légitime, qu'on pourrait assimiler la substance du corps à celle de l'esprit.

XVIII.

De la distinction de l'âme et du corps.

L'âme et le corps sont donc distincts ; mais ils sont unis. Quel est le secret de cette union ? Le désir de pénétrer ce mystère a enfanté plusieurs systèmes, et amené la philosophie sur le terrain vague de l'hypothèse.

Les matérialistes et les idéalistes ont trouvé une solution commode en niant les uns l'esprit, les autres la matière ; mais les faits protestent contre cette négation. Il est aussi impossible de réduire la pensée à la pluralité, que l'étendue à l'unité : ces deux systèmes exclusifs sont donc comme non avenus.

Il reste à examiner quatre systèmes : celui des causes occasionelles proposé par Mallebranche ; l'harmonie préétablie de Leibnitz ; l'influx physique d'Euler, et le médiateur plastique de Cudworth.

Mallebranche et Leibnitz n'admettent point de communication réelle entre l'âme et le corps ; l'action simultanée de ces deux substances est pour le premier le résultat d'une harmonie que la cause première entretient constamment, et pour le second la suite d'une harmonie établie antérieurement et pour toute la durée de l'association des deux substances.

Ces deux hypothèses ont en commun l'inconvénient de nier une communication attestée par les faits et par l'assentiment universel. En outre, celle de Mallebranche charge Dieu d'une besogne administrative un peu vulgaire, et celle de Leibnitz se concilie difficilement avec la liberté.

L'hypothèse de Cudworth ne fait que reculer la difficulté et ne la résout pas; car son médiateur plastique, mi-partie matière et mi-partie esprit, suppose la fusion des deux substances, c'est-à-dire ce qui est en question : c'est une hypothèse gratuite, et de plus une pétition de principe.

Euler, en reconnaissant l'influence physique, l'influence réelle de l'âme sur le corps et du corps sur l'âme, respecte le fait, mais ne l'explique pas.

Ce fait, tout incompréhensible qu'il est, peut cependant s'éclaircir, si l'on considère qu'il y a dans le corps deux choses distinctes, les organes et le mouvement des organes, et que le mouvement n'appartient pas à la matière. La matière se meut en vertu de forces qui maintiennent et dirigent le système moléculaire dont elle se compose; or ces forces sont immatérielles, bien quelles soient *plusieurs*, aussi bien que la force intelligente qui est unique; ce sont donc réellement des forces, c'est-à-dire des principes homogènes qui sont en contact dans le jeu simultané de l'âme et des organes ; c'est la vie psychologique qui est en rapport avec la vie physiologique. Ce rapport se conçoit sans peine ; et il est si réel et si intime, que ces deux vies tendent constamment à s'absorber, et que l'une se spiritualise et que l'autre se matérialise, si la volonté prend empire sur les sens ou si les sens dominent la volonté. Chez les hommes de volonté forte et de conscience pure, la vie organique est pour ainsi dire spiritualisée; tandis que chez les esprits grossiers et sensuels, l'âme est en quelque sorte matérialisée, elle résume alors les organes, comme dans le cas contraire les organes résument l'esprit. Il y a, dans ces deux cas, une sorte d'assimilation qui n'est jamais complète, car les deux points extrêmes seraient l'ange et la brute, ce qui n'est jamais vrai de l'homme que métaphoriquement. La véritable difficulté ne porte donc pas sur l'union de la vie psychologique à la vie physiologique, mais sur celle de la vie physiologique à la molécule organique. Cette difficulté paraît insoluble, quoiqu'on puisse à la rigueur considérer les molécules comme des forces déchues, des forces moins l'action, des forces inertes. Ces forces seraient, comme les forces vitales, une émanation de la substance infinie, qui peut toujours donner sans jamais s'appauvrir, parce qu'elle est infinie, et que d'ailleurs elle pénètre tous les êtres dont elle est le principe; de telle sorte que ses créatures si nombreuses, et de quelque nature qu'elles soient, ne peuvent jamais la limiter. La matière ainsi conçue n'aurait point d'existence absolue, et elle pourrait faire retour à la substance infinie par l'activité, comme elle en est sortie par l'inertie.

LOGIQUE.

XIX.

De la Méthode. — De l'Analyse, et de la Synthèse.

De la Méthode.

La psychologie a pour objet la connaissance de l'âme considérée dans ses divers états et dans ses opérations.

La logique est l'art de diriger les facultés de l'âme, l'intelligence.

On entend par méthode, la marche que suit la force intelligente dans la recherche et la démonstration de la vérité.

Les connaissances primitives de l'esprit, telles qu'elles nous sont données par l'exercice spontané de nos facultés, sont obscures et complexes, c'est la réflexion qui les rend claires et qui les ramène à leurs élémens.

Les notions qui nous sont fournies par la conscience et la perception externe, soit matérielle, soit immatérielle, deviennent l'objet de la réflexion qui procède par voie de décomposition et de récomposition : ces procédés de l'esprit reçoivent le nom de méthode.

Si l'esprit décomposait toujours sans jamais recomposer, la notion complexe tomberait en poussière, et l'intelligence ne posséderait plus que des fragmens au lieu des totalités que lui fournit l'observation : la réflexion, au lieu d'être un progrès, serait réellement une chute de l'intelligence ; il faut pour compléter son œuvre qu'elle réunisse ces débris, et leur rende la vie en en reconstruisant l'ensemble.

La première de ces opérations s'appelle analyse ; on donne à la seconde le nom de synthèse.

De l'analyse et de la synthèse.

L'analyse, livrée à ses propres forces, en répandant la lumière sur les détails pris isolément, obscurcirait et détruirait l'ensemble ; elle opérerait comme l'horloger qui démonte un chronomètre, et qui étale devant lui les rouages, les ressorts, le tambour, le cadran et les aiguilles. Toutes les parties de la montre subsistent, mais la montre ne fonctionne plus ; il faut qu'une seconde opération rende le mouvement et la vie à ces membres épars : cette opération c'est la synthèse ; mais la synthèse échouera, si elle ne parvient pas à remettre en leur place tous les élémens que l'analyse a séparés ou si quelques-uns d'entre eux se sont égarés. On voit, par cet exemple, que la synthèse dépend de l'analyse, et qu'elle ne sera heureuse que si l'analyse a placé devant elle tous les élémens qu'elle doit mettre en œuvre.

L'analyse et la synthèse sont donc inséparables ; ce ne sont pas deux méthodes, ce sont les deux moyens de la méthode.

La méthode est donc l'art de décomposer et de recomposer les notions complexes de l'intelligence.

Les deux moyens qu'elle emploie trouveront leur place dans toutes ses œuvres, mais leur importance et leur rang varieront selon le but qu'elle se proposera.

Si la méthode a pour but la recherche de la vérité, elle débutera par l'analyse, et terminera par la synthèse.

Si au contraire elle a pour but la démonstration de la vérité, elle pourra, comme la nature, offrir d'abord une synthèse à l'intelligence qu'elle veut éclairer, et marcher ensuite à son but par l'analyse.

Cette différence dans l'emploi des moyens de la méthode, a amené la distinction habituelle entre la méthode analytique ou méthode d'invention, et méthode synthétique ou méthode d'enseignement; mais il est bien clair que la méthode analytique n'exclut pas la synthèse, et que la méthode synthétique laisse une place à l'analyse; seulement dans ces deux cas l'une est subordonnée à l'autre, et celle qui joue le premier rôle donne son nom à toute la série des opérations.

Il faut remarquer cependant que dans les deux cas le point de départ est une synthèse; synthèse naturelle, ou l'objet qu'on étudie dans la méthode d'invention; synthèse intellectuelle, résultat de l'analyse dans la méthode d'enseignement. Ainsi la science a pour point de départ et pour terme une synthèse; l'analyse conduit de l'un à l'autre, et si elle a été complète, la synthèse intellectuelle est l'image fidèle du fait, ou synthèse naturelle que l'analyse a décomposé.

L'écueil de l'analyse est de se perdre dans les infiniment petits, ou de s'arrêter à des divisions trop générales. Dans le second cas, elle n'éclaire pas assez l'esprit ; dans le premier, elle le dissipe : il faut donc qu'elle se contienne dans une juste limite qui satisfasse les besoins de l'intelligence sans aller au-delà de ses forces.

L'écueil de la synthèse, c'est la précipitation. La curiosité de l'esprit et son avidité le portent naturellement à entreprendre l'explication des faits qu'il a observés, et à soumettre ceux qu'il ignore aux lois qui régissent les faits déjà connus : cette disposition est la source des faux systèmes qui ont jeté la confusion dans la philosophie, et qui feraient désespérer de l'avenir et de la science.

On ne saurait trop recommander l'analyse ou l'observation des faits, seule base solide de la synthèse. L'analyse demande de la constance et de longs efforts, l'esprit s'y refuse souvent ; la synthèse au contraire a des attraits irrésistibles ; comme elle présente dans des formules faciles à saisir la loi de tous les faits, qu'elle les domine et les supplée au besoin, elle donne à l'esprit, par les lumières qu'elle répand, une haute idée de ses forces, et par conséquent un sentiment de plaisir qui l'enivre. Il faut donc sur ce point recommander la prudence, et donner un frein à l'instinct qui nous pousse à généraliser, tandis que les difficultés et les ennuis de l'analyse appellent l'éperon plutôt que la bride.

XX.

De la définition ; de la division, et des classifications.

De la définition.

L'intelligence ne marche pas sans appuis ; la méthode a des moyens qui la guident et qui l'éclairent. Entre ces moyens on doit citer d'abord la définition qui détermine le sens des mots et la compréhension des idées, la division qui isole les différentes parties d'un tout, et les classifications qui généralisent un ensemble de faits, et qui substituent une formule aux cas particuliers qu'elle résume.

Nous nous occuperons d'abord de la définition.

On distingue deux sortes de définitions : les définitions de mots, et les définitions de choses.

Les définitions de mots ont pour objet de faire connaître le sens qu'on donne aux mots qu'on emploie.

Ces définitions sont arbitraires et conventionnelles. Il arrive souvent que des mots sont employés dans plusieurs acceptions ; si l'on ne déterminait pas l'acception qu'on leur donne, il arriverait que ceux qui les entendent prononcer, ou qui s'en servent dans une discussion, leur donnant un sens qu'ils n'ont pas dans l'esprit de leurs auditeurs ou de leurs adversaires, cette contradiction jetterait sur tout le débat une obscurité que rien ne pourrait dissiper.

C'est ainsi que le mot de sensation, dont certains philosophes ont étendu la signification aux phénomènes de la perception physique et aux émotions causées par l'impression des corps sur les organes, a suscité de longs débats qu'une définition de mots aurait prévenus.

Les définitions de choses ont pour objet de faire connaître un fait, et de le distinguer de tout ce qui n'est pas lui. Le fait étant objectif, il ne dépend pas de la volonté d'en resserrer ou d'en reculer les limites.

Si je veux définir l'homme, la définition doit représenter l'être tel qu'il est, il faut qu'elle soit l'expression fidèle de l'objet qu'elle veut faire connaître. Or, comment puis-je le faire connaître, c'est-à-dire le distinguer de ce qui n'est pas lui? C'est évidemment en le rattachant à une classe plus étendue dont l'idée est présente à l'esprit, et en le désignant par une qualité qui n'appartienne qu'à lui : il faut une ressemblance et une différence ; ce n'est qu'à l'aide de cette double idée que je puis le tirer de la masse des êtres. Une idée générale et une idée particulière unies par l'affirmation seront donc les élémens de toute définition, d'où il résulte que les idées simples sont indéfinissables. Ainsi le temps, l'espace, le mouvement et l'être ne se peuvent définir ; ils sont ce que chacun sait, les idées que nous en avons sont des moyens et non des objets de définition. Quand on dit que le temps est la mesure de la durée, on fait connaître un emploi de temps, et non sa nature ; quand on répète, après Wolff, que l'être est le complément de la possibilité, on en obscurcit l'idée plutôt qu'on ne l'éclaircit.

La définition de choses comprend donc deux termes unis par une affirmation. Le premier terme indique le genre et s'appelle grand terme ; le second indique l'espèce ou la différence, et s'appelle petit terme.

Le grand terme doit désigner le genre le plus rapproché de l'espèce comprise dans le petit terme. Si l'on prenait un genre éloigné, la définition serait vague. Ainsi, on ne définira pas l'homme un être raisonnable, parce que l'idée d'être s'applique à tout ce qui existe, et désigne un genre trop éloigné ; on dira mieux : l'homme est un animal raisonnable ; l'idée d'animal a moins d'étendue que l'idée d'être ; l'idée de raison, qui complète la définition, ne s'applique qu'aux êtres compris dans la classe homme. Elle a moins d'étendue que l'idée animal ; c'est pour cela qu'elle prend le nom de petit terme par rapport à celle d'animal, qui désigne une classe plus étendue. Le petit terme réduit l'étendue du grand terme à celle de l'objet défini : c'est la condition de toute bonne définition.

La définition doit donc s'appliquer à tout le défini, *toti definito*, et au seul défini, *soli definito*; et pour qu'elle atteigne son but, il faut qu'elle renferme le genre prochain et la différence spécifique.

Il est inutile d'ajouter qu'elle doit être claire et précise.

De la division.

La division est d'un grand usage dans la méthode ; elle consiste à séparer un tout en un certain nombre de parties distinctes ou de classes, qui peuvent à leur tour devenir l'objet de nouvelles divisions, qu'on appelle subdivisions.

Ainsi, dans la première partie de ce cours, qui avait pour objet de constater les divers phénomènes psychologiques, nous avons divisé notre sujet en trois parties. La première division comprenait les phénomènes de la sensibilité ; la seconde, ceux de l'intelligence ; la troisième, ceux de l'activité. Chacune de ces divisions a été suivie de plusieurs subdivisions ; par ce moyen, nous avons pu observer en détail les faits soumis à notre observation, et les présenter dans un ordre qui rendait plus facile la marche de l'intelligence.

La division est l'instrument de l'analyse.

Il y a deux sortes de tout, et par conséquent deux sortes de division. Le tout, qui est un ensemble de parties, comme une maison, une ville, et le tout qui désigne une classe d'êtres comme l'homme, le nombre, etc. Les Latins désignent, l'un par *totum*, et l'autre par *omne*.

La division du *totum* s'appelle proprement partition, comme quand on divise une maison en ses appartemens, une ville en ses quartiers. Dans ce cas, on divise la compréhension de l'objet.

La seule règle de cette division est de faire des dénombremens exacts.

La seconde espèce de tout se divise selon son étendue ; ainsi l'idée d'homme, s'appliquant à tous les hommes, comprend également les blancs, les noirs et les mulâtres ; les bons et les méchans ; les sots et les intelligens. Quand on divise l'idée sous ce rapport, on en morcelle l'étendue; tandis que dans l'autre cas, on en développe la compréhension.

Les règles de cette division sont qu'elle soit entière, c'est-à-dire qu'elle comprenne toute l'étendue du terme que l'on divise. Si l'on divisait les hommes en bons et en méchans, et que l'on rangeât forcément tous les individus qui composent le genre humain dans l'une ou dans l'autre de ces deux classes, on pécherait contre les règles de la division; car il y a des hommes qui tiennent le milieu entre la bonté et la méchanceté, et dont la moralité ne peut être ni prônée ni flétrie. Quand le valet du Grondeur dit qu'il faut qu'une porte soit ouverte ou fermée, il oublie qu'une porte peut être entr'ouverte; il y a une foule de degrés et de nuances dont on ne tient pas compte dans les divisions générales, et dont l'omission fausse la plupart des raisonnemens. Celui qui n'est pas pour moi est contre moi; cette sentence, dans certaines applications, suppose une division incomplète, car on peut être indifférent, c'est-à-dire en dehors du pour et du contre. Il y a toujours entre les extrêmes un milieu que l'on néglige souvent aux dépens de la vérité : combien d'avocats présentent fièrement une alternative triomphante, et pensent fermer toute issue à leur adversaire, qui cependant trouve une large voie entre les cornes de leur dilemme.

La division doit encore être distincte et opposée, de telle sorte qu'un membre ne puisse rentrer dans l'autre; ainsi on divise bien le nombre en pair et impair; les jugemens en vrais et en faux; mais on diviserait mal le nombre en pair, impair et carré, et les jugemens en vrais, faux et probables; car le carré rentre dans le pair, et le jugement probable est vrai ou faux.

La plupart des faux raisonnemens ont pour bases de fausses divisions; c'est assez dire combien il importe de bien diviser, et de ne pas perdre de vue les règles qu'il faut suivre dans cette opération.

Des classifications.

Il n'y a dans la nature que des individus, mais parmi les qualités dont l'ensemble compose l'idée individuelle, il y en a qui sont communes à plusieurs êtres : cette communauté est la base des classifications.

La notion de classe n'est pas autre chose que l'idée d'une ou de plusieurs qualités communes à un certain nombre d'êtres. Les individus se classent d'après leurs ressemblances et se distinguent par leurs différences. Ainsi l'homme se classe parmi les animaux, parce qu'il possède en commun avec eux, la vie, l'intelligence et le mouvement; il s'en distingue parce qu'il possède de plus qu'eux la raison. Tous les hommes étant doués de raison, cette faculté commune les range tous dans la même classe; mais les différentes applications et les divers degrés de cette faculté établissent des diversités qui servent de base à des classifications inférieures. L'esprit forme les classes par l'abstraction et la généralisation; il abstrait d'abord une ou plusieurs qualités considérées isolément, pour étendre ensuite cette notion abstraite à un ensemble de faits, ce qui s'appelle généraliser.

Les classes prennent le nom de genre ou d'espèce, suivant qu'on les rapporte à des classes inférieures ou supérieures : une classe n'est pas genre ou espèce absolument, mais relativement; ainsi l'animal est espèce par rapport à l'être, et genre par rapport à l'homme, au cheval et à toutes les autres classes d'animaux.

Les classifications sont de la plus haute importance dans la science; ce sont elles qui permettent de grouper les faits, et de substituer une formule générale, dont l'esprit dispose facilement, à une masse de faits particuliers que l'intelligence ne pourrait embrasser et faire mouvoir qu'avec une extrême difficulté.

Les classifications résument les divisions, et ne sont pas moins utiles à la synthèse, que celle-ci à l'analyse; toute classification est une synthèse partielle, qui conduit à une synthèse supérieure et plus compréhensive.

Diviser et classer, telles sont les opérations les plus familières de la méthode; la division facilite l'étude des faits, que les classifications réunissent dans une seule idée générale.

XXI.

De la certitude en général et des différentes sortes de certitude.

La certitude est un fait purement subjectif, c'est

l'adhésion ferme, motivée et inébranlable de la volonté à la connaissance. Si cette adhésion n'était pas précipitée, si la volonté ne se reposait que dans l'évidence, la certitude serait le signe et la preuve de la vérité. Mais il arrive souvent que par impuissance, précipitation ou nécessité d'agir, l'esprit se hâte de donner son assentiment, sans attendre l'évidence : c'est par cette voie que l'erreur s'établit dans l'esprit avec l'autorité et le caractère de la vérité. Si la volonté ne consentait jamais au jugement avant d'y être forcée irrésistiblement par l'évidence, l'esprit de l'homme serait un sanctuaire de vérité.

L'évidence est la lumière qui éclaire les objets, et qui pénètre dans l'esprit par les voies ouvertes à la connaissance, c'est-à-dire par la conscience, la perception et la raison. Cette lumière ne peut luire dans toute sa pureté que lorsque l'objet a été envisagé sous toutes ses faces, c'est-à-dire quand l'observation a épuisé tous ses moyens. Alors l'évidence est absolue et irrésistible ; mais il arrive souvent que l'esprit se contente de lueurs imparfaites, et qu'il accorde son adhésion lorsqu'il devrait la suspendre.

La certitude est subjective et l'évidence est objective, l'une est le produit de l'autre ; et de même que l'évidence peut être trompeuse, la certitude peut être erronée ; mais comme la certitude est le repos de l'esprit dans une connaissance réputée vraie, il en résulte que la certitude est la source d'une infinité de faux jugemens qui s'appuient sur elle dans l'exercice ultérieur des facultés de l'esprit : d'où nous devons conclure que l'esprit ne peut pas s'entourer de trop de lumières avant de donner son assentiment. Toute proposition admise comme vraie s'incorpore à l'intelligence, elle devient principe et règle de jugement; source de vérités, si elle est vraie ; source d'erreurs, si elle est fausse.

Nous devons faire observer que le mot d'évidence se prend souvent dans la langue des philosophes comme synonyme de certitude; on en fait alors un fait intérieur, tandis que la langue vulgaire la considère toujours comme un fait extérieur. Il n'en est pas de même de la certitude, l'usage l'attribue indifféremment au sujet connaissant et à l'objet connu. On dit : je suis certain, et cela est certain ; mais on ne dit jamais je suis évident, on dit seulement cela est évident. Pour nous, nous réduisons la certitude au sens subjectif, et nous laissons à l'évidence le sens objectif que l'usage a consacré. Cela est évident, signifie cela *se fait* voir ; mais comme les objets se font voir plus ou moins clairement, nous étendons le mot d'évidence aux différens degrés de clarté.

La certitude prend différens noms suivant les objets auxquels elle se rapporte, et selon la manière dont elle se produit.

Si elle a pour objet les connaissances qui nous sont transmises par la raison, on l'appelle certitude *métaphysique*.

On la nomme certitude *physique*, si elle a pour objet les phénomènes qui nous sont connus par l'entremise de la perception externe.

Pour les faits de conscience, et pour ceux que nous admettons sur la foi du témoignage, elle prend le nom de certitude *morale*.

Ces trois sortes de certitude peuvent se trouver

séparées ou réunies, si l'objet de la croyance est simple ou composé.

La certitude est *médiate*, lorsqu'on n'y arrive que par voie de déduction ou d'induction, quand on ne peut l'acquérir que par le moyen de raisonnemens dans lesquels on prouve la liaison intime de la vérité que l'on cherche avec un principe déjà connu. *Immédiate*, quand elle se présente au premier coup-d'œil de l'âme, et qu'elle emporte son assentiment par une clarté soudaine et irrésistible. Les certitudes immédiates, que l'on appelle aussi vérités de simple vue, intuitions, faits premiers et irréductibles, sont le point de départ de toutes nos connaissances; et quel que soit le nom qu'on leur donne, il faut les admettre sans chercher à les démontrer, parce qu'elles sont la base et non le produit du raisonnement, et qu'entreprendre de les prouver par déduction, c'est entrer de gaîté de cœur dans un cercle vicieux.

La croyance et la certitude ne sont pas identiques : on donne généralement le nom de croyance aux opinions qui s'appuient sur l'autorité, l'induction et l'analogie, tandis que la certitude a pour fondement l'observation et le raisonnement.

La croyance absolue équivaut à la certitude, elle emporte comme elle le consentement complet de la volonté, et le consentement assimile les opinions quelles qu'elles soient à l'âme elle-même, il les y incorpore, pour ainsi parler, et les fait principes. Mais la certitude est toujours prise dans un sens absolu, elle n'a point de degrés, elle est ou elle n'est pas, il n'y a point de milieu. La croyance au contraire se dégrade et passe par une série de nuances plus ou moins prononcées pour arriver au doute, état de l'âme dans lequel la volonté reste suspendue entre la décision et la négation.

Le doute (1) a été recommandé par Descartes comme un moyen d'arriver à la science; mais il le recommande comme moyen et non comme but. Car le doute, état permanent de l'esprit, l'indécision en toutes choses serait une maladie grave ou plutôt la mort même de l'âme. La vie de l'âme est dans l'affirmation d'elle-même, de la nature et de Dieu; le doute sur l'un de ces termes serait un notable affaiblissement; sur tous les trois, en le supposant possible, ce serait l'anéantissement complet.

Vivre pour l'âme, c'est croire, et c'est là ce qui explique cette ardeur, cet emportement avec lequel les âmes simples et vigoureuses défendent leurs croyances; un instinct secret les avertit que ceux qui veulent les en dépouiller attentent à leur vie morale, et elles se défendent alors avec une sorte de fureur désespérée, qui nous explique l'acharnement et la durée des guerres de religion et de principes; car les principes politiques sont aussi des croyances religieuses.

(1) Il y a bien de la différence entre douter et douter. On doute par emportement et par brutalité; par aveuglement et par malice; et enfin par fantaisie, et parce que l'on veut douter : mais on doute aussi par prudence et par défiance, par sagesse et par pénétration d'esprit. Les académiciens et les athées doutent de la première sorte; les philosophes doutent de la seconde. Le premier doute est un doute de ténèbres qui ne conduit point à la lumière, mais qui en éloigne toujours; le second doute naît de la lumière, et il aide en quelque façon à la produire à son tour.

MALLEBR., *de la Recherche de la vérité*, ch. xx, l. 1.

XXII.

De l'analogie. — De l'induction. — De la déduction.

De l'analogie.

Le mot d'analogie a deux acceptions distinctes : l'analogie est dans les choses ou dans l'esprit. L'analogie dans les choses se compose des rapports qui existent entre certains phénomènes; l'analogie dans l'esprit est ce mouvement naturel qui porte l'intelligence à rapporter à une cause identique les faits analogues. Ainsi c'est l'analogie qui a porté Franklin à penser que l'éclair qui jaillit du choc de deux nuages n'était qu'un phénomène électrique; c'est elle qui l'a conduit à tenter les expériences qui ont confirmé l'identité de deux phénomènes analogues. L'analogie nous fait croire à la généralité des phénomènes attestés par l'observation, c'est par elle que nous les lions les uns aux autres, c'est-à-dire que nous en découvrons les *lois ;* car les lois des phénomènes sont les liens qui les unissent, et nous disons que nous connaissons la loi d'un fait, quand nous croyons connaître comment il est uni à d'autres faits. L'observation fit découvrir à Newton le mouvement d'accélération qui préside à la chute des corps, il reconnut que ce mouvement était en raison directe de la masse et en raison inverse du carré des distances; l'analogie le porta à étendre ce rapport aux mouvemens des corps célestes, et l'expérience confirma le jugement provisoire qu'il avait porté par analogie. Si le jugement n'obéissait pas à l'analogie, c'est-à-dire si nous n'étions pas inclinés naturellement à lier les phénomènes en vertu des rapports qu'ils renferment, tous les faits resteraient isolés dans l'entendement, nous en aurions la connaissance et non la science ; Franklin aurait vu d'un côté l'étincelle électrique, et de l'autre l'éclair, sans jamais songer à rapprocher ces deux faits et à les expliquer l'un par l'autre.

L'analogie est donc un puissant instrument de découverte et la source d'un très-grand nombre de jugemens. Mais cet instinct de la pensée qui la conduit souvent à la découverte de la vérité est aussi le principe d'une foule d'erreurs : il s'en faut de beaucoup que l'analogie soit un guide infaillible ; nous ne saurions nous passer de son aide, mais en lui accordant une confiance absolue nous risquons fort de nous égarer. En effet l'analogie extérieure, qui est souvent un signe d'identité dans la cause, est bien loin de l'être constamment. Des effets analogues se rattachent souvent à des causes toutes différentes, tant dans l'ordre physique que dans l'ordre moral. Si donc nous suivons toujours l'instinct intellectuel qui nous induit à les rattacher au même principe, nous sommes assurés de rencontrer l'erreur plus souvent que la vérité.

L'analogie est un principe de jugement, elle agit comme motif sur la volonté qu'elle incline à prononcer qu'il y a identité de principe là où l'observation nous montre des rapports de phénomènes ; mais les apparences étant souvent contraires à la réalité, il est clair qu'il faut contrôler l'analogie, et ne céder au penchant qu'elle donne à la volonté, qu'autant que l'expérience et la raison viennent la confirmer. C'est ainsi que procèdent les bons esprits; mais les esprits légers n'y font point tant de façons, ils mettent leur jugement à la merci de l'analogie, et ils adoptent aveuglément des lois et des explications mensongères. Il y aurait plusieurs volumes à faire sur les avantages de l'analogie ; mais si l'on voulait énumérer tous les faux jugemens dont elle a été le principe,

> Il faudrait quatre corps ; encor loin d'y suffire
> A mi-chemin je crois que tous demeureraient :
> Quatre Mathusalems bout à bout ne pourraient
> Mettre à fin ce qu'on peut en dire.

De l'induction.

L'induction est, comme l'analogie, une loi de l'intelligence, un penchant naturel en vertu duquel nous étendons la durée des phénomènes dont la perception ne nous montre ni le commencement ni la fin, au passé et à l'avenir. Ainsi lorsque la perception nous montre une maison, nous jugeons qu'elle existait avant que nous la vissions, et qu'elle existera lorsque nous ne la verrons plus; c'est en vertu du même principe que nous jugeons que le soleil qui s'est levé aujourd'hui se levera demain. L'induction s'appuie sur le souvenir et sur la prévoyance; si nous n'avions ni la notion du passé ni celle de l'avenir, le jugement par induction serait impossible.

L'induction est une source féconde de jugemens; c'est en vertu de cette loi de notre intelligence que nous croyons à la durée de notre personne et de celle de nos semblables, à la durée du monde et au retour périodique des saisons. Sans l'induction, nous ne ferions pas un seul pas en avant, car le sol qui résiste sous nos pieds, rien ne prouverait qu'il ne s'écroulera pas si nous marchons en avant; nous ne confierions pas de semences à la terre, car les semences qui ont fructifié, rien ne nous prouverait qu'elles existent quand la terre les recouvre, et qu'elles s'y développeront pour donner de nouvelles moissons dans la saison qui suivra; nous ne pourrions ni nous engager pour l'avenir ni compter sur les engagemens d'autrui, car rien ne nous garantirait l'avenir.

L'induction est donc le principe de la plupart de nos actions; elle nous trompe rarement, mais elle n'est pas non plus infaillible, car la durée ou la périodicité peut manquer aux phénomènes auxquels nous l'attribuons. Cependant il est raisonnable de s'y confier, car si nous la mettions en suspicion nous n'aurions plus de raison d'agir. Remarquons toutefois que l'induction n'engendre pas la certitude, mais la croyance; nous croyons que le soleil se levera demain, mais nous ne le savons pas; nous savons au contraire, de science certaine, qu'il s'est levé aujourd'hui.

L'analogie et l'induction sont donc des guides qu'il ne faut ni abandonner ni suivre aveuglément. Par l'une et par l'autre, nous formons des jugemens qui sont objet de croyance, et qui passent à la certitude lorsque l'observation a confirmé les lois que l'analogie avait soupçonnées, et vérifié les faits que l'induction avait admis.

Ces deux faits, quoique distincts, puisque l'analogie nous fait croire à la généralité, et l'induction à la stabilité des phénomènes, ont été classés sous un seul chef par les philosophes Écossais, qui leur ont donné le nom générique d'induction.

De la déduction.

La déduction se distingue essentiellement des deux faits qui précèdent. L'analogie et l'induction sont des moyens de synthèse, c'est-à-dire de composition; la déduction est un moyen d'analyse : elle consiste à tirer d'une notion générale des notions moins étendues qui y sont contenues. Ainsi, par exemple, lorsque l'esprit est en possession d'un axiôme tel que celui-ci : tout ce qui est bon est digne de respect; en décomposant le premier terme de cette proposition, nous trouvons qu'il contient la beauté, la vertu, la science, la justice etc.; nous prenons un des élémens fournis par cette analyse, et nous le rapprochons de l'autre terme par l'affirmation qui est le signe du jugement; nous disons alors : la justice est digne de respect. L'opération que nous avons faite est une déduction, et le jugement qui la termine est un jugement déduit. On voit par cet exposé comment la déduction diffère de l'analogie et de l'induction; dans ces deux derniers faits l'esprit procède par composition, il va au-delà du fait observé, et c'est en cela qu'il court chance d'erreur : dans la déduction, au contraire, il marche en toute sûreté, il n'affirme explicitement que ce qui a été affirmé implicitement; s'il y a erreur, elle se trouve dans le premier jugement, et non dans le second qui est nécessairement vrai comme conséquence. La déduction vaut autant que le principe; vraie, si le principe est vrai; fausse, si le principe est faux. Les principes sont donnés soit par la conscience, soit par la perception externe, soit par la raison, ou formés par l'analogie ou par l'induction; ils sont vrais ou faux, selon que l'on a fait de ces facultés un usage légitime ou illégitime; la déduction qui travaille sur ces données aboutit à l'erreur ou à la vérité, selon la nature de ces données; mais elle n'a point de prise sur elles, au moins directement. On voit cependant que la déduction peut aider à reconnaître la fausseté des principes, car une conséquence bien tirée étant identique au principe; si la fausseté s'y montre clairement, le principe dont elle découle sera lui-même atteint et convaincu de fausseté.

Ce qui précède s'applique à la déduction légitime; nous n'avons pas prétendu que les esprits faux par nature ou par intention ne pouvaient pas abuser de la déduction, et voir ou supposer dans le principe ce qui n'y était pas, ces fausses déductions ne sont que trop communes; on les appelle sophismes quand elles ont la mauvaise foi pour principes, et paralogismes quand elles dérivent de l'infirmité de l'esprit.

XXIII.

Autorité du témoignage des hommes.

Le témoignage des hommes est pour l'esprit humain un motif de croire.

Ce témoignage nous porte à la croyance pour deux raisons; 1° parce que nous admettons la véracité du témoin; 2° ou la supériorité de ses lumières.

Dans l'enfance, le témoignage agit directement sur l'esprit en vertu d'une faculté de l'âme, qu'on appelle la foi. Cette faculté est la sauve-garde de l'intelligence ; si elle manquait à l'esprit, l'esprit périrait faute d'alimens. L'esprit a besoin de croyance, comme le corps a besoin de pain ; et s'il étouffait en lui toute foi, il se détruirait par ce seul fait : c'est dans ce sens qu'on a dit avec raison, que le scepticisme absolu était le suicide de l'âme ; mais ce suicide est impossible.

Nous croyons donc naturellement au témoignage des hommes ; c'est une loi ou une faculté de l'intelligence qui a sa raison dans la nécessité de se conserver imposée à l'âme comme au corps.

Cette foi instinctive est modifiée par la réflexion. La raison se soumet au témoignage, lorsqu'elle lui reconnaît certains caractères qui en attestent la véracité.

Nous attribuons à nos semblables les qualités que nous reconnaissons en nous-mêmes ; et comme nous trouvons en nous l'instinct de véracité à côté de l'instinct de la fraude, nous supposons en autrui une disposition identique à proclamer ou à voiler la vérité. Dès-lors, le témoignage n'a plus pour nous une valeur absolue, il ne prévaut pas par lui-même, mais par des circonstances dont nous sommes juges. C'est pour cela que chez les hommes faits, le témoignage a plus d'autorité sur les esprits sincères que sur les fourbes, sur ceux qui ont été rarement trompés que sur ceux que l'expérience a souvent déçus dans leur confiance. La faculté de croire ou la foi, s'altère par l'expérience ou par l'habitude de la fraude; mais elle n'est pas détruite absolument, et continue de s'exercer à des degrés divers selon la diversité des esprits et sous le contrôle de la raison.

Les règles qui dirigent la croyance relativement au témoignage sont fort simples.

Si c'est en matière de faits;

Il faut que les témoins n'aient pu être ni menteurs ni dupes. Pour résoudre ces questions, nous n'avons pas d'autres lumières que celles de la raison qui sera plus ou moins exigeante, selon que la faculté de croire aura souffert des atteintes plus ou moins graves. Ce qui suffit à l'un ne suffit pas à l'autre. Beaucoup d'esprits ont besoin d'une évidence complète qui se trouve rarement dans ces matières; car il est bien difficile qu'on puisse démontrer victorieusement qu'un témoin n'a pas pu vouloir tromper, ou être trompé.

Si c'est en matière de science;

Il faut que nous reconnaissions à ceux dont nous admettons le témoignage, une supériorité de savoir bien constatée; c'est en vertu de cette conviction que nous admettons sur parole les résultats scientifiques qui ne nous sont pas démontrés : mais cette conviction ne se commande pas, et pour les esprits qui n'ont pas foi à la science, le témoignage des savans est comme non avenu.

La foi au témoignage est un fait involontaire et variable; rien ne peut faire que nous ne croyions pas quand nous croyons, ni que nous croyions quand nous ne croyons pas. Ce fait échappe à notre volonté comme à celle des autres; aussi n'est-il pas de plus cruelle tyrannie que celle qui prétend imposer des croyances.

On a voulu donner le témoignage universel des hommes comme la seule autorité qui pût servir de base à la croyance et de *criterium* à la vérité; mais ce système implique contradiction, car pour faire admettre l'autorité de ce témoignage, il faut convaincre la raison, et reconnaître sa compétence pour juger de l'opinion qui la dépouille : elle manifeste sa souveraineté en l'abdiquant.

D'ailleurs le témoignage universel n'existe pas pour celui qui conteste une vérité, et n'est pas nécessaire pour celui qui l'admet.

En outre, quand ce témoignage existe, il est la conséquence et non le principe de la vérité; il ne saurait donc en aucune sorte lui servir de base.

L'autorité du témoignage des hommes est donc subordonnée à la raison, qui le confirme ou l'infirme en vertu d'une autorité supérieure.

XXIV.

Du raisonnement et de ses différentes formes.

Pour bien comprendre le raisonnement, il faut se rappeler ce que c'est que le jugement.

Le jugement est un acte de l'esprit, affirmant ou niant le rapport de deux idées : cet acte rapproche ou sépare deux objets, et il les rapproche et les sépare avec tous leurs élémens. Ainsi quand je dis que Dieu est adorable, je rapproche l'idée d'adorable de tous les élémens dont l'idée de Dieu se compose. L'idée de Dieu se composant de l'idée de bonté infinie, de puissance infinie, d'intelligence infinie, je puis dire de chacune de ces parties ce que j'ai affirmé de la totalité. Ce second acte s'appelle raisonnement; le raisonnement consiste donc à décomposer l'un des deux termes d'un jugement, et à rapprocher cette décomposition de l'autre terme.

Ce procédé de l'esprit s'emploie pour découvrir et pour démontrer.

Le raisonnement revêt plusieurs formes dans le langage, mais dans l'esprit c'est toujours le même acte, savoir : un jugement ultérieur, qui a sa raison dans un jugement déjà porté. Pour que l'acte soit légitime, il faut que le second jugement soit contenu dans le premier.

Le raisonnement comme moyen d'invention, est l'instrument de presque toutes les découvertes; comme moyen de démonstration, l'abus qu'on en fait est si voisin de l'usage, qu'on doit lui attribuer plus d'erreurs que de vérités.

L'argumentation est la forme sensible du raisonnement. Les argumens se composent de propositions enchaînées les unes aux autres par certains rapports : ces rapports varient selon la forme de l'argument.

L'argument principal auquel tous les autres peuvent se réduire, est le syllogisme, qui se compose de trois propositions : la majeure, la mineure et la conséquence.

La majeure et la mineure prennent le nom générique de prémisses.

Le syllogisme comprend aussi trois termes, qu'il

ne faut pas confondre avec les trois propositions : ce sont, le grand terme, le petit terme et le moyen terme.

Voici le sens de ces mots :

Le grand terme est l'attribut de la conséquence, et le petit terme en est le sujet.

Le moyen terme ou idée moyenne sert à montrer le rapport entre le sujet et l'attribut de la conclusion ou conséquence. Ainsi dans cet argument :

« Ce qui est bon est adorable ;

« Or, Dieu est bon :

« Donc, Dieu est adorable. »

Le grand terme est l'attribut *adorable*, le petit terme est *Dieu*, et l'idée moyenne ou le moyen est *bon*.

L'attribut est appelé grand terme, parce qu'il a ordinairement plus d'étendue que le sujet, et le sujet s'appelle petit terme par la raison contraire.

Quant aux prémisses, la première prend le nom de majeure, parce qu'elle contient le grand terme, et la seconde prend celui de mineure, parce qu'elle contient le petit terme.

Le moyen terme est rapproché du grand terme dans la majeure, et du petit terme dans la mineure.

Tout ceci s'applique aux syllogismes simples, complexes ou incomplexes.

On distingue les syllogismes en syllogismes simples et en syllogismes conjonctifs.

Les syllogismes conjonctifs sont ceux où le moyen est joint à la fois aux deux termes de la conclusion, comme dans l'exemple suivant :

« Si un état électif est sujet aux divisions, il n'est pas de longue durée ;

« Or, un état électif est sujet aux divisions :

« Donc, un état électif n'est pas de longue durée. »

Le moyen, *sujet aux divisions*, est uni dans la majeure aux deux termes de la conclusion, *état électif* et *n'est pas de longue durée*.

On a, pendant long-temps, fait de l'argumentation une science fort compliquée, dont les règles étaient fort difficiles à saisir et fatiguaient l'esprit sans véritable profit. Le bon sens est, en pareille matière, le seul guide assuré; car s'il manque, les règles ne le suppléeront pas, et s'il existe, il obéit aux règles sans en connaître la formule. Il importe seulement de savoir comment le bon sens peut être mis en défaut, et c'est ce que nous examinerons quand nous traiterons des sophismes et des causes de nos erreurs. Il n'y a que deux choses à considérer dans le syllogisme, la comparaison qui se fait dans les prémisses, à l'aide du moyen, entre les deux termes de la conclusion, et le résultat de cette comparaison exprimé par la conclusion : de là deux règles qui renferment tout.

La première, c'est que le moyen terme doit conserver dans chaque prémisse une signification parfaitement identique.

La seconde, c'est que la conclusion ne doit jamais être plus étendue que les prémisses.

Ce qui s'exprime encore plus simplement par cette proposition, que la conclusion doit être contenue dans les prémisses, et que les prémisses doivent le faire voir.

On appelle sophisme ou paralogisme, tout raisonnement qui manque à ces règles fondamentales.

Il y a plusieurs autres formes de raisonnemens ou argumens : ce sont l'enthymême, le sorite, le dilemme, l'exemple et l'épichrème.

L'enthymême (ἐν θυμῷ, *in mente*) n'est qu'un syllogisme sans mineure ; on l'emploie très-souvent, parce que l'esprit supplée naturellement la mineure, quand la majeure est bien choisie.

Le sorite (1) est un raisonnement composé de plus de trois propositions, dans lequel l'attribut de la première proposition devient le sujet de la seconde, et ainsi de suite, jusqu'à ce qu'on atteigne la conséquence qu'on veut en tirer :

« Les avares sont pleins de désirs ;

« Ceux qui sont pleins de désirs manquent de beaucoup de choses ;

« Ceux qui manquent de beaucoup de choses sont misérables :

« Donc, les avares sont misérables. »

Le dilemme qu'on appelait autrefois *utrinque feriens*, est une forme d'argumentation très-pressante, par laquelle on offre à son adversaire deux partis parmi lesquels il faut qu'il choisisse, et qui l'un comme l'autre assurent sa défaite. Ainsi pour prouver que ceux qui ne remplissent pas les devoirs de leur charge sont coupables, on peut leur opposer ce dilemme :

(1) Le reste de ce chapitre, jusqu'au dernier paragraphe exclusivement, est emprunté de l'ancien Manuel. Ce traité est dû à M. Cuvillier-Fleury, et nous n'aurions jamais songé à le remplacer, si le programme de l'examen n'eût pas été modifié.

« Ou vous êtes capable de la charge que vous avez demandée, et alors vous êtes inexcusable de ne vous y point employer;

« Ou vous en êtes incapable, et alors vous êtes inexcusable d'avoir accepté une charge que vous saviez ne pas pouvoir remplir. »

C'est ce que disait saint Charles, à l'ouverture d'un de ses conciles provinciaux : *si tanto muneri impares, cur tam ambitiosi? si pares, cur tam negligentes?*

L'exemple est un raisonnement dans lequel on déduit une proposition d'une autre avec laquelle elle a un rapport de ressemblance, d'opposition ou de supériorité : de là trois espèces d'exemples appelées *à pari*, *à contrario*, *à fortiori*.

« 1°. Dieu pardonna à David à cause de son repentir :

« Donc, Dieu vous pardonnera pareillement, si vous vous repentez. »

« 2°. L'oisiveté est la mère de tous les vices :

« Donc, le travail en est, au contraire, le remède et le préservatif. »

« 3°. On est fatigué de Paul, quand on a passé quelques momens avec lui :

« Donc, à plus forte raison, on doit être las de sa présence lorsqu'il ne vous quitte pas. »

L'épichrème est un syllogisme dont chaque prémisse est immédiatement suivie de la preuve. Le plaidoyer de Cicéron pour Milon se réduit à l'épichrème suivant :

« Il est permis de tuer quiconque nous tend des embûches pour nous ôter la vie à nous-mêmes ;

la loi naturelle, le droit des gens, les exemples le prouvent ;

« Or, Clodius a dressé des embûches à Milon ; ses armes, ses soldats, ses manœuvres le prouvent :

« Donc, il a été permis à Milon de tuer Clodius. »

Il est facile de reconnaître que ces différentes formes d'argumentation sont toutes réductibles au syllogisme ; en effet, raisonner, c'est chercher le rapport de deux idées et les comparer avec une troisième ; le syllogisme n'est donc que l'expression fidèle et simple du raisonnement dans toute sa pureté ; les autres modes d'argumentation n'en diffèrent que par des développemens ou des abréviations qui en modifient la forme sans en altérer l'essence. Le sorite est une série de syllogismes, le dilemme est l'union de deux syllogismes aboutissant à une même conclusion, l'enthymême est un syllogisme tronqué ; l'exemple, pour être concluant, suppose un principe général qui renferme la conséquence. Dans ceux que nous avons cités, on suppose, pour le premier, que les hommes sont égaux devant Dieu ; pour le second, que des principes opposés ont des effets contraires, et pour le troisième, que la fatigue est en raison de la durée du mal : à l'aide de ces trois principes, on voit que l'on pourrait facilement ramener à la forme syllogistique les trois argumens que nous avons présentés sous la forme d'exemples.

XXV.

Des sophismes, et des moyens de les résoudre.

Des sophismes.

Il n'y a qu'une seule voie pour arriver à la vérité par le raisonnement, il y en a une infinité pour arriver à l'erreur. Pour que la conclusion d'un raisonnement soit vraie, il faut que le point de départ ou le principe soit vrai, et que la conséquence soit contenue dans le principe. Mais il arrive souvent qu'on admet comme vrais des principes faux, et souvent aussi qu'on en tire ce qu'ils ne renferment pas. Les raisonnemens qui ont pour base un principe faux et dans lesquels la conclusion est tirée régulièrement, ne sont pas des sophismes proprement dits, ils sont bons comme raisonnemens, quoiqu'ils ne vaillent rien comme argumens.

Une déduction légitime tirera toujours l'erreur de l'erreur et la vérité de la vérité, tandis qu'une déduction irrégulière conduira indifféremment de l'erreur à la vérité et de la vérité à l'erreur; il suffit pour cela que la conséquence ne soit pas contenue dans le principe : comme ils ne sont pas unis l'un à l'autre par un rapport d'identité, la vérité de l'un n'implique pas la vérité de l'autre et réciproquement; il se peut même que l'un et l'autre soient vrais sans que le raisonnement cesse d'être un sophisme.

Nous avons dit plus haut que les mauvais raisonnemens prenaient le nom de sophismes ou de paralogismes, suivant qu'ils avaient pour principe la mauvaise foi ou la faiblesse de l'esprit.

Un raisonnement est un sophisme ou un paralogisme, toutes les fois que la conséquence n'est pas contenue dans les prémisses. Ceci posé, on voit qu'on peut formuler ainsi la cause des mauvais raisonnemens : donner au principe une valeur qu'il n'a pas. On a ramené les sophismes à un certain nombre de chefs dont les dépendances sont très-nombreuses, grâce à la prodigieuse fécondité de l'esprit humain en matière d'erreur : nous allons en donner une énumération d'après la Logique de Port-Royal.

I. Prouver autre chose que ce qui est en question.
(*Ignoratio Elenchi.*)

Ce chef comprend tous les raisonnemens dans lesquels on attribue à ses adversaires des principes qu'ils n'ont pas ou qu'ils entendent dans un sens différent. Ce sophisme fait le fonds de presque toutes les polémiques religieuses, politiques et philosophiques. On prête généreusement à ceux que l'on combat des sentimens hors de toute raison, et l'on se donne ainsi beau jeu pour les convaincre d'absurdité. Ces combats à outrance contre des chimères sont trop commodes pour que les hommes de dispute consentent à y renoncer ; et bien qu'on les ait comparés aux luttes du héros de Cervantes, qui du moins y allait de bonne foi, il n'est pas probable qu'on s'interdise à l'avenir ces faciles triomphes. La logique peut bien en montrer le ridicule et la vanité, mais elle prétendrait en vain à les faire passer de mode.

II. Supposer pour vrai ce qui est en question.
(*Pétition de principe.*)

Ce sophisme consiste à donner pour preuve d'une

proposition, un principe qui suppose la vérité de la proposition contestée, comme, par exemple, si l'on voulait prouver l'ignorance de tel médecin en vertu de l'ignorance de tous les médecins; car il ne sera pas vrai que tous les médecins sont ignorans si tel médecin ne l'est pas : ou bien encore si l'on voulait prouver la vanité de la philosophie en prétendant que toutes les sciences sont vaines; car il est clair que si la philosophie n'est pas une science vaine, il est faux que toutes les sciences soient vaines. En raisonnant ainsi, et il arrive trop souvent que l'on ne raisonne pas autrement, on suppose résolue la question qu'on débat, et l'on ne prouve rien, sinon que l'on n'est pas du sentiment que l'on attaque.

III. Prendre pour cause ce qui n'est pas cause.
(*Causa pro non causá.*)

Les sophismes de cette classe ne sont au fond que des jugemens d'analogie et d'induction. Ainsi il arrive souvent que nous concluons de la succession de deux faits, un rapport imaginaire de cause et d'effet. L'art des augures, des aruspices et des astrologues reposait tout entier sur cette base; car il n'y a aucun rapport réel entre le vol des oiseaux, l'état des entrailles des victimes, la conjonction des planètes et l'avenir. On se trompe de la même manière lorsqu'on attribue ses revers ou ses succès à la présence des comètes ou à l'influence malheureuse de certains jours, de certaines personnes ou de certains nombres. C'est le principe de causalité qui est la source de toutes ces erreurs ; nous croyons et nous avons raison de croire que tout fait se rattache à une cause, mais nous nous trompons dans l'application de ce principe. Souvent aussi nous nous payons de mots pour expliquer des phénomènes dont la cause réelle est inconnue. Molière s'est moqué avec raison de cette illusion des faux savans, lorsqu'il fait répondre au récipiendaire de la grotesque cérémonie du Malade imaginaire : *opium facit dormire quia habet virtutem dormitivam*. La logique de Port-Royal attaque aussi fort agréablement cette ridicule prétention dans le passage suivant qui prouve que le bon sens et l'esprit sont de même famille : « Il n'y a personne qui ne sache que ses artères battent ; que le fer étant proche de l'aimant s'y va joindre ; que le séné purge et que le pavot endort. Ceux qui ne font point profession de science et à qui l'ignorance n'est pas honteuse, avouent franchement qu'ils connaissent ces effets, mais qu'ils n'en savent pas la cause ; au lieu que les savans, qui rougiraient d'en dire autant, prétendent qu'ils ont découvert la vraie cause de ces effets, qui est, qu'il y a dans les artères une vertu pulsifique, dans l'aimant une vertu magnétique, dans le séné une vertu purgative, et dans le pavot une vertu soporifique. Voilà qui est fort commodément résolu, et il n'y a point de Chinois qui n'eût pu avec autant de facilité se tirer de l'admiration où l'on était des horloges dans ce pays-là, lorsqu'on leur en apporta d'Europe ; car il n'aurait eu qu'à dire, qu'il connaissait parfaitement la raison de ce que les autres trouvaient si merveilleux, et que ce n'était autre chose, sinon qu'il y avait dans cette machine une vertu *indicatrice* qui marquait les heures sur le cadran, et une vertu sonorifique qui les faisait sonner.

iv. Dénombrement imparfait.

Le dénombrement est un écueil contre lequel les esprits, même les meilleurs, viennent souvent échouer. On analyse un sujet d'une manière incomplète, et l'on croit en posséder tous les élémens, tandis qu'il en manque quelques-uns. Cette sorte d'analyse, que les bornes de notre esprit rendent si fréquente, en faussant le point de départ de la déduction, conduit nécessairement à une conclusion erronée. C'est le défaut d'un grand nombre de dilemmes dans lesquels on réduit la question à deux hypothèses, tandis que l'on en pourrait faire un plus grand nombre. On suppose qu'il n'y a que deux issues dont on ferme fièrement le passage à son adversaire, et l'on triomphe faussement pendant que celui-ci s'échappe librement par une troisième et se retourne sans peine contre son prétendu vainqueur. C'est ainsi que l'on dirait : vous êtes chrétien ou vous êtes payen ; si vous êtes chrétien, croyez aux mystères de la foi ; si vous êtes payen, croyez à Jupiter ; mais comme on peut être, en dehors de ces deux hypothèses, mahométan, déiste, sceptique, athée, etc. : il est clair que l'argument n'est pas concluant.

v. Juger d'une chose par ce qui ne lui convient que par accident. (*Fallacia accidentis.*)

Ce sophisme consiste à tirer d'un fait particulier une conclusion générale. « Un tel a été de mauvaise foi hier : donc, il le sera demain, et tous les jours, et dans toute circonstance à l'avenir. Les nuages se résolvent quelquefois en pluie : donc, il pleuvra toutes les fois que le ciel sera chargé de nuages. Tel peuple s'est soulevé à telle époque : donc, il se soulèvera encore. Il y a des savans qui commettent de lourdes bévues en histoire, en géographie : donc, tous ceux qui s'occupent d'histoire et de géographie sont capables de prendre les rêveries d'un romancier pour des événemens réels et des descriptions mensongères pour un tableau fidèle des lieux et du climat. » Ces exemples, qu'on pourrait multiplier à l'infini, sont des violations du principe logique, qui défend de conclure du particulier au général.

vi. Passer du sens divisé au sens composé et réciproquement. (*Fallacia compositionis et divisionis.*)

Il n'est pas rare que dans le discours on emploie certains mots, en faisant mentalement abstraction d'une partie plus ou moins considérable de leur compréhension; par exemple, lorsqu'on dit : les aveugles voient, les boiteux marchent droit, les radicaux gouvernent ; on ne veut pas dire que les aveugles soient encore aveugles, les boiteux, boiteux, les radicaux, radicaux ; si les uns se servent de leurs yeux, les autres de leurs jambes, et si ceux-ci ne se servent plus de leurs principes, il est clair que les mots que l'on emploie ne signifient plus la chose qu'ils désignent ; si donc on se croyait en droit de conclure qu'on peut-être aveugle et voir, boiter et marcher droit, et que les radicaux gouvernent bien ou mal, suivant le parti auquel on s'est rangé, on serait en plein sophisme, on commettrait une fausse composition. Ce serait tomber dans le sophisme contraire, que de dire d'une manière absolue : les aveugles ne verront pas, les boiteux ne marcheront pas droit, les radicaux ne gouverneront jamais, ni bien ni mal; car il est possible que les aveugles recouvrent la vue, que les boiteux reprennent l'usage de leurs jambes, et que les radicaux arrivent à résipiscence : Dieu et la nature permettent de ces sortes d'amendemens.

VII. Passer de ce qui est vrai à quelques égards à ce qui est vrai simplement. (*A dicto secundum quid ad dictum simpliciter.*)

Ce sophisme consiste à substituer l'absolu au relatif; en voici un exemple tiré de Port-Royal : « Les Epicuriens prouvaient que les dieux devaient avoir la forme humaine, parce qu'il n'y en a point de plus belle que celle-là, et que tout ce qui est beau doit être en Dieu. » C'était mal raisonner, car la forme humaine n'est point absolument une beauté, mais seulement au regard du corps; et ainsi, n'étant une perfection qu'à quelque égard, et non simplement, il ne s'ensuit pas qu'elle doit être en Dieu, parce que toutes les perfections sont en Dieu, n'y ayant que celles qui sont simplement perfections, c'est-à-dire qui n'enferment aucune perfection, qui soient nécessairement en Dieu.

La logique que nous avons suivie dans cette énumération donne encore deux autres chefs, savoir: l'abus de l'ambiguité des termes, et le passage d'une induction défectueuse à une conclusion générale; mais il semble que le premier de ces titres rentre dans le sophisme que nous avons appelé *ignoratio Elenchi* ; car abuser de l'ambiguité des termes, c'est prendre un mot dans plusieurs sens, c'est substituer une idée à une autre idée, et par conséquent changer la question, ou traiter ce qui n'est pas en cause. Quant au second, on voit clairement que c'est une des mille variétés du sophisme par lequel on passe du particulier au général, et qu'on appelait dans l'école *fallacia accidentis*.

Moyen de les résoudre.

Tous les paralogismes que nous venons de citer ont cela de commun, que la conclusion y dépasse les prémisses. On n'a pas d'autre moyen de les résoudre que d'examiner attentivement le principe et d'en rapprocher la conclusion, pour voir en quoi le lien qui les unit est illégitime. Il arrive toujours de deux choses l'une, ou que le principe n'a pas l'étendue qu'on lui suppose, ou qu'il n'est rien autre chose que la conclusion généralisée ; dans ce dernier cas le principe ne peut pas éclairer la conclusion, puisqu'il en emprunte sa lumière. Il faut donc, pour résoudre un sophisme, analyser le principe dont il découle, et pour en mettre plus facilement le défaut en lumière, il est bon de lui donner la forme syllogistique qui place en regard le principe, le moyen et la conclusion : le sophisme ainsi mis à nu, ne supporte pas long-temps les regards de l'intelligence.

Nous avons donné à dessein un assez long développement à ce chapitre, parce que la présomption de l'esprit nous porte trop souvent à croire que les lumières de la raison démêlent sans difficulté les erreurs des sophismes ; tandis que dans la réalité, le jugement ne saurait s'entourer de trop de précautions, pour ne pas tomber, dans les piéges que lui tendent la mauvaise foi, l'ignorance, les obscurités du langage et la passion : il n'est donc pas inutile qu'il soit averti de la nature des dangers qu'il court, et que l'analyse lui signale, bien qu'imparfaitement, les écueils où la raison échoue habituellement.

XXVI.

Des signes et du langage dans leur rapport avec la pensée.

Les émotions, les idées et les volontés de l'âme, se traduisent par des signes extérieurs qui en sont le symbole.

La douleur et le plaisir se manifestent extérieurement par la contraction ou l'épanouissement des muscles de la face. Ces mouvemens musculaires en sens opposé, sont le signe et le resultat du sentiment intérieur ; c'est le sentiment même rayonnant dans l'organisme : les signes de ce genre sont appelés signes naturels, parce qu'ils se produisent indépendamment de toute convention humaine. Les gestes et les cris arrachés par les sentimens vifs de l'âme, appartiennent à la même classe.

Le langage naturel (1) se compose du jeu de la

---

(1) La plupart des idées énoncées dans ce chapitre, ont été développées avec une grande vigueur de style et de pensée dans une thèse sur le langage, soutenue par M. Charma, professeur de philosophie à la faculté de Caen.

physionomie, et des sons inarticulés. Ce langage manifeste avec autant d'énergie que de rapidité les mouvemens intérieurs de la sensibilité, de l'intelligence et de la volonté; mais il les exprime dans leur plus grande généralité; il est purement synthétique, et il ne peut suffire qu'aux esprits dont les sentimens et les pensées sont encore enveloppées. Tant que l'âme reste dans la sphère de la spontanéité, et qu'elle obéit aux instincts de la nature, ce langage peut suffire. La forme est synthétique comme le fonds. Le signe est égal à la chose signifiée. Si l'esprit de l'homme restait à cet état d'enveloppement et de spontanéité, le langage n'irait pas au-delà de ces signes naturels. L'homme parlerait comme les animaux, parce que son intelligence comme la leur ne serait pas émancipée.

C'est par la réflexion que l'intelligence affranchie féconde les données primitives de la conscience, des sens et de la raison.

Les progrès de la pensée humaine appellent les progrès du langage, qui est comme le corps de la pensée.

Le langage artificiel a sa raison dans l'impuissance des signes naturels, pour traduire la pensée affranchie des liens de la spontanéité.

Il y a plusieurs phases dans l'histoire du langage artificiel. Lorsque les signes naturels n'ont plus suffi à l'expression de la pensée, l'homme a dû d'abord la figurer matériellement; ainsi la représentation d'un fait que la physionomie, le geste et les sons inarticulés ne pouvaient pas reproduire dans ses détails, aura passé d'une intelligence dans une autre à l'aide de figures grossières, de dessins imparfaits qui reproduisaient les circonstances de l'action. Ces figures seront venues au secours du langage naturel, pour compléter l'expression de la pensée : c'est là le début probable du langage artificiel.

Ce premier pas fait dans une carrière nouvelle, devait amener de nouveaux progrès. De la figure au symbole la transition est facile ; la figure, d'abord signe d'elle-même, a pu devenir signe d'un autre objet. La scène que les Scythes jouèrent devant Darius, est un modèle du langage symbolique : c'est ainsi que le lion est le symbole de la force, le renard celui de la ruse, et que certaines fleurs sont l'emblème de certains sentimens. Dans ce langage le signe n'est pas une représentation, il laisse entrevoir à travers son sens propre, un sens figuré, analogue : c'est un symbole.

Les traces de cette forme de langage artificiel, sont encore vivantes dans les hiéroglyphes égyptiens et dans l'alphabet des Chinois, où une bouche et un oiseau signifient l'action de chanter. La voix humaine, déjà signe d'idées, expression vivante de l'âme dans les sons inarticulés, devait nécessairement suivre la destinée de la pensée, à laquelle elle donne un corps, une réalité objective. De même que la voix inarticulée avait représenté la pensée, à l'état synthétique, la voix articulée, qui n'est que l'analyse et le développement de la voix inarticulée, devait représenter les développemens et l'analyse de la pensée. Ce n'est pas ici un choix arbitraire, mais une nécessité. L'analyse de la pensée amenait naturellement l'analyse de la voix ; car la voix, c'est le phénomène ou le corps de la pensée, c'est l'âme objectivée. Si l'on veut réfléchir au langage intérieur, à la méditation, opération pendant laquelle les mots se présentent à l'esprit sans l'intervention des organes vocaux, on sera forcé de reconnaître que la pensée en se repliant sur elle-même conserve sa forme, et que parconséquent le langage n'est pas simplement signe mais phénomène de l'acte intellectuel. Dans l'union de la parole et de la pensée, la fatalité se montre en première ligne, elle est au fond des choses, la liberté ne domine que dans les détails. L'homme ne pouvait pas ne pas parler, il pouvait seulement parler de diverses manières : la voix est l'expression nécessaire de la pensée, la volonté intervient seulement dans les modifications de la voix. Il se pouvait que telle ou telle modification du son fût le signe de telle ou telle modification de l'âme; mais il ne se pouvait pas que la voix ne fût pas le symbole de toutes les modifications de la pensée.

C'est dans ce sens que le langage est d'origine divine.

Ceci posé, il est clair que toute langue ou tout système de sons articulés, doit être l'image fidèle de la pensée : c'est donc dans la pensée même qu'on doit chercher le secret des formes du langage.

Or, qu'est ce que la pensée, sinon l'esprit appliqué aux divers objets qui tombent sous le regard de l'intelligence par l'intermédiaire de la conscience, des sens et de la raison? et de tous ces objets, que connaissons-nous, sinon les qualités, l'existence et les rapports ?

Puisque le langage est l'image de la pensée, et

que la pensée n'atteint que les qualités, l'existence et les rapports des choses, il est évident que les mots ne représenteront pas autre chose : donc tout mot sera signe de qualités, d'existence ou de rapports.

Il n'y a donc que trois sortes de mots, quoique les grammairiens en comptent un plus grand nombre : ces classifications peu rigoureuses tiennent à l'imperfection du langage qui est toujours plus ou moins synthétique. La plupart des mots représentent un mélange d'idées complexe ; cette complication leur imprime une diversité de caractère qui explique et justifie les systèmes des grammairiens, qui sont obligés de tenir compte de la forme extérieure des mots. Si l'analyse était arrivée dans la pensée à ses dernières limites, il n'y aurait plus de ces mots hermaphrodites. Mais les progrès de l'analyse, tout en décomposant la pensée, n'ont encore donné que des synthèses moins complexes ; cependant il y a loin de l'interjection qui donne en un seul mot l'âme tout entière, à un système de signes qui représente avec mille nuances tous les degrés de la passion et les idées plus déliées de l'intelligence.

Un examen rapide des diverses parties du discours fera voir clairement leurs rapports avec les trois classes d'idées renfermées dans la pensée.

Le nom substantif et adjectif représente les qualités des objets et souvent aussi leurs rapports ; mais l'idée d'existence ne s'y trouve pas renfermée.

Les noms de nombre indiquent un rapport de quantité ou d'ordre.

La préposition indique les rapports ainsi que la conjonction.

L'adverbe équivaut à une préposition et à un nom substantif ou adjectif; il représente donc le rapport et la qualité.

Le nom personnel représente le nom et le rôle du sujet dans le langage, c'est-à-dire un rapport.

L'article indique un rapport quand il indique quelque chose.

Le verbe exprime l'existence avec rapports. Le verbe *être* est le seul verbe, il est compris dans les verbes qu'on appelle attributifs, et qui renferment outre l'idée d'existence celle de qualité.

Il n'y a donc que trois élémens dans le langage; mais ces élémens ne s'y trouvent pas complètement isolés : la synthèse triomphe au sein de cette analyse imparfaite.

Ce qui précède démontre assez l'union intime de la pensée et du langage, l'un est la forme et la manifestation sensible de l'autre : ils ne sont pas entre eux seulement comme l'effet est à la cause, mais comme le phénomène à la substance; mais de même que le phénomène manifeste imparfaitement la substance, et la voile en même temps qu'il la rend sensible, le langage est, non pour ceux qui le parlent, mais pour ceux qui l'entendent, une image imparfaite de la pensée ; il la restreint en-deçà ou l'étend au-delà de ses limites, parce que celui qui écoute, ne voyant pas la pensée en elle-même, modifie toujours un peu le sens du mot qui la manifeste. C'est ainsi que la pensée s'altère en passant par les mots, et que d'échos en échos elle finit quelquefois par se dénaturer complètement. Cependant, malgré ces inconvéniens, la pensée doit beaucoup au langage, il réagit sur elle, il simplifie les opérations de l'entendement et sert surtout à fixer dans la mémoire les connaissances acquises; c'est lui qui donne cours aux idées générales, base de toute science. D'ailleurs il établit un commerce rapide entre toutes les intelligences, et c'est de cet échange continuel que naît la richesse intellectuelle qui devient le patrimoine et la gloire de l'humanité.

XXVII.

Caractères d'une langue bien faite.

Une langue parfaite est celle où l'expression est toujours identique à la pensée. Cette identité ne se trouve que dans la langue du calcul, dont, au reste, la perfection tient moins au signe qu'à la pensée. C'est parce que l'idée des nombres est invariable, et qu'elle est la même au fond de toutes les intelligences, que le signe réveille partout la même idée : tel est le principe de cette rigueur dont on fait tant de bruit. Si l'on s'entendait aussi bien sur les principes de la morale, de la politique et de la physique, la langue de ces sciences serait aussi rigoureuse que celle des mathématiques; l'obscurité et la confusion sont dans la forme, parce qu'elles sont aussi dans le fond. Les mots prenant un sens différent au gré de toutes les intelligences, cette diversité engendre une confusion qu'il n'est pas au pouvoir du langage de faire cesser, puisqu'il n'en est pas le principe. Si l'on parvient à éclairer tous les esprits d'une égale lumière, les mots auront alors le même sens pour tous, et l'obscurité dont on les accuse se dissipera complètement; mais tant que l'esprit humain sera ce qu'il est, le langage, qui en est l'image fidèle, présentera le même caractère d'incertitude et de confusion. Ce n'est pas par le langage que l'on arrivera à la réforme de l'esprit, mais par l'esprit qu'on arrivera à la réforme du langage : le fond emporte la forme. C'est ainsi que les progrès des sciences sont toujours marqués par ceux de leurs nomenclatures. On a dit que la langue complétait la science ; c'est le contraire qu'il fallait dire : on a pris le symptôme pour le principe et l'effet pour la cause.

Les caractères d'une langue bien faite sont la précision et l'analogie.

La précision est la convenance du signe et de l'idée. La richesse est une conséquence de la précision ; car il est clair que si toutes les idées ont un signe qui les représente exactement, il y aura dans la langue assez de ressources pour satisfaire aux besoins de la pensée : or, la richesse est précisément le rapport entre les besoins et les moyens de les satisfaire. Lorsque les idées ont beaucoup d'étendue, le nombre des mots est peu considérable ; mais lorsque la pensée s'est décomposée, et que l'analyse a séparé les divers élémens d'un fait complexe, de nouveaux mots sont créés pour peindre ces nouvelles nuances. Ainsi dans Homère, les mouvemens passionnés que nous avons distingués par les mots de colère, de ressentiment, de fureur, d'impatience, n'ont qu'une seule expression (μεγά ὀχθήσας), parce que l'analyse psychologique n'avait pas distingué ces différens degrés de la passion. Les termes spéciaux n'arrivent qu'après les termes généraux ; mais ils arrivent toujours quand l'espèce a été détachée du genre. C'est ainsi que tous les arts, toutes les professions, toutes les sciences ont un système de signes spéciaux qui représentent les différences que les artistes, les hommes de métier et les savans ont remarqués dans la sphère de leurs travaux. Une langue serait pauvre si les signes manquaient aux modifications de la pensée ; mais cela n'arrive point, parce que la langue suit fidèlement les pas de la pensée et qu'elle s'y attache comme l'ombre au corps. Nous disons bien que l'hébreu est une langue pauvre ; cela est vrai, si nous voulons dire qu'elle ne suffit plus aux besoins actuels de la pensée ; mais c'est une pauvreté relative, car elle était riche pour ceux qui la parlaient, et dont elle exprimait fidèlement les idées. La diffusion et la pauvreté ne sont pas des défauts des langues, mais des écrivains dont l'esprit est pauvre et la pensée diffuse. Il est bien vrai que beaucoup d'esprits vulgaires, dans l'espoir de faire illusion sur les misères de leur pensée, la développent en longs discours ; Montaigne l'a dit dans son langage naïf et incisif : « Ceux qui ont la matière exile l'enflent de paroles ; » mais cette enflure ne prouve rien contre la langue, elle ne fait que manifester l'infirmité de l'intelligence qu'elle produit.

L'analogie consiste dans les rapports qui se trouvent entre les diverses modifications de la pensée et celles des signes. Ainsi les circonstances de temps, de modes, de personnes, de genre, de nombre, de rapport, devront être représentées par des modifications analogues dans la forme des mots auxquels elles s'ajoutent. L'usage a partout établi ces analogies avec plus ou moins de régularité ; les paradigmes grammaticaux en font foi. Pour que l'analogie fût parfaite, il faudrait qu'il n'y eût, en toute langue, qu'une seule conjugaison et deux ou trois déclinaisons, suivant le nombre des genres; mais cette régularité ne pouvait résulter que d'une analyse parfaite de la pensée et d'une connaissance exacte des rapports exprimés; or, cette analyse et cette science n'existent pas au début des langues : elles portent donc nécessairement l'empreinte des incertitudes et des tâtonnemens de la pensée; c'est pour cela que les mots primitifs sont les moins réguliers de tous. La conjugaison du verbe substantif est irrégulière dans toutes les langues, ainsi que celle des comparatifs et des superlatifs des mots les plus usités : c'est que la circonstance de temps, ajoutée au fait intellectuel de la notion d'existence, frappait si vivement l'esprit, qu'elle en faisait une notion toute nouvelle dans laquelle le principal était effacé par l'accessoire. L'existence dans le présent, dans le passé et dans l'avenir, n'était plus l'existence; mais le présent, le passé et l'avenir, qui présentent en effet des rapports fort distincts. Aussi le radical ne laisse-t-il qu'une trace insensible ou disparait-il entièrement dans la modification. (εἰμί, ἦν, ἔσομαι, sum, fui, ero.) Il en est de même des divers degrés de signification pour les adjectifs qui expriment la grandeur, la petitesse, la bonté et la méchanceté, premiers rapports saisis par l'intelligence. Les mots formés plus tard ont été modifiés par une analogie plus rigoureuse; le radical a été respecté, la terminaison seule a été modifiée, parce que la réflexion avait montré que le fonds de l'idée restait le même, sauf le rapport ajouté.

Si l'on formait aujourd'hui une langue nouvelle purement artificielle, elle exprimerait par des modifications identiques tous les rapports identiques; elle serait régulière, et pour ainsi dire tirée au cordeau, comme les villes que construit l'architecture moderne. On la saurait dès qu'on en connaîtrait toutes les racines, comme on marche, sans crainte de s'égarer, dans une ville dont toutes les rues en ligne droite aboutissent à un centre commun.

L'analogie dans les langues est imparfaite, par la raison que nous venons de dire; il y en a encore une autre qui contribue beaucoup à l'irrégularité des langues modernes, jargons demi-formés du grec et du latin, comme les appelle Voltaire : c'est qu'elles ne sont pas un produit spontané de l'esprit, un fruit naturel du sol; mais qu'elles ont été formées, comme les peuples qui les parlent, de la fusion de plusieurs races de mots. Les Celtes, les Romains et les Grecs ont laissé partout des mots qui se sont naturalisés dans la langue-mère de tous les peuples de l'Europe; ces mots, bien que modifiés en partie selon l'esprit de la langue qui les adoptait, ont cependant conservé quelque chose de leur physionomie native : il en résulte une variété qui n'est pas sans agrément, mais qui pousse à la confusion.

La marche naturelle de l'esprit pousse toutes les langues à l'analogie; les mots nouveaux, les nomenclatures scientifiques se forment d'après cette loi : mais il ne faut pas en conclure qu'on doive arriver ni même tendre à une analogie parfaite; réformer la langue dans cet esprit, ce serait entreprendre sur le langage l'opération qui a été tentée il y a quelques années sur l'écriture, et qu'on a prudemment abandonnée au bruit des sifflets. En toute chose il faut tenir compte des faiblesses de notre nature, qui d'ailleurs, si l'on veut y penser sérieusement, ont aussi leur bon côté.

XXVIII.

Des causes de nos erreurs, et des moyens d'y remédier.

Nous nous trompons de deux manières, en plus ou en moins, c'est-à-dire en attribuant aux objets des qualités qu'ils ne possèdent pas, ou en ne voyant pas toutes celles qu'ils contiennent.

Nous sommes induits en erreur par le mauvais usage ou par l'imperfection de nos moyens de connaître ; si nous ne prêtons pas une attention suffisante aux phénomènes de conscience, aux perceptions des sens, aux intuitions de la raison, nous pouvons nous tromper sur l'état de notre âme, sur les faits extérieurs physiques, et sur les vérités métaphysiques ; nos moyens primitifs de connaître deviendront ainsi principe d'erreur, au lieu de nous mettre en possession de la vérité

Le jugement peut être égaré en outre par l'induction, par l'analogie, par la foi et par la sensibilité.

Nous avons vu plus haut comment l'analogie et l'induction mettaient le jugement en défaut et introduisaient l'erreur dans l'entendement.

La foi, c'est-à-dire la confiance que la volonté accorde au témoignage des hommes en toute matière, est une cause d'erreur toutes les fois que les témoins sont ou dupes ou trompeurs. On ne saurait dire combien de fausses notions se glissent dans notre esprit par cette voie, et quel empire elles exercent sur notre intelligence, notre sensibilité et notre volonté, par la puissance que leur donne l'habitude. C'est surtout contre ces erreurs que Descartes s'est armé du doute, qui met en état de suspicion toutes les connaissances acquises, pour les faire passer au contrôle de la raison.

La sensibilité, et nous comprenons sous cette dénomination tous nos sentimens et toutes nos passions sympathiques et antipathiques, la sensibilité est une source féconde de faux jugemens. Lorsque l'âme est dominée par l'amour ou par la haine, dans les emportemens de la colère ou de l'enthousiasme, dans les tourmens de la jalousie, la vue de l'intelligence se trouble et s'éblouit, de faux milieux se placent entre elle et la réalité pour la voiler ou la dénaturer. Sous l'influence de ces affections tyranniques, nous attribuons toute vertu et toute raison à l'objet de nos sympathies, tout vice et toute erreur à l'objet de nos antipathies : c'est ainsi que se forment les jugemens de parti dans les luttes religieuses et politiques. Nos erreurs sur les personnes s'étendent aux choses et aux principes ; nous fermons les yeux à la pure lumière de l'évidence, et nous y substituons les fausses lueurs de la passion : dans ces luttes funestes, la notion du bien et du mal que Dieu même a placée dans nos âmes pour les diriger, se pervertit et se déplace, la ligne tracée entre le juste et l'injuste confond ce qu'elle devrait séparer.

Cum fas atque nefas exiguo fine libidinum
Discernunt avidi.

L'amour-propre, qui est le fond de toutes les passions, induit aussi l'esprit dans un grand nombre de faux jugemens ; l'estime où nous sommes de nous-même, nous porte à prendre notre raison pour la mesure même de l'intelligence ; de sorte que nous sommes enclins à rejeter comme faux tout ce qui passe notre portée et tout ce qui contredit nos principes ; et lors même que la lumière de la vérité nous éclaire, une secrète envie nous arme contre elle, si elle nous est présentée par d'autres ; car en la reconnaissant nous reconnaîtrions en même temps la supériorité d'autrui : ce qui serait une humiliation. Il serait trop long de dresser le catalogue des faux jugemens que nous portons sous l'inspiration de l'amour-propre ; nous aimons mieux renvoyer nos lecteurs au dix-neuvième chapitre, de la troisième partie de la Logique de Port-Royal, qui est un chef-d'œuvre de raison et d'analyse.

On peut remédier en partie à ces erreurs par l'attention, lorsqu'il s'agit de celles qui nous viennent du mauvais usage du sens intime, des sens physiques et de la raison.

Celles de l'induction et de l'analogie, peuvent être redressées par l'expérience et par le raisonnement, qui nous fait voir dans les conséquences le vice des principes.

Nous avons indiqué au titre des sophismes, le moyen de se mettre en garde contre les fausses déductions qui tiennent le plus souvent à de faux jugemens d'analogie ou d'induction.

Les erreurs de la foi seront combattues avec avantages par le doute Cartésien, qui rend à la raison et à toutes les facultés de l'intelligence leur autorité.

Quant à celles qui nous viennent des passions, comme elles ont pour principe l'orgueil et l'impureté, on ne peut leur opposer que la simplicité d'esprit et la pureté d'affection : ceux qui voudront s'en débarrasser devront méditer à loisir le passage suivant de l'imitation (1).

« L'homme a deux ailes pour s'élever de terre : la simplicité et la pureté.

« La simplicité est dans l'intention, la pureté dans l'affection.

« La simplicité cherche Dieu, la pureté l'atteint et le goûte. »

MORALE ET THÉODICÉE.
XXIX.
Objet de la Morale.

La morale est la science du devoir et des devoirs.

Le devoir repose sur la distinction du bien et du mal, du juste et de l'injuste.

L'âme, en tant que force intelligente et libre, est tenue d'aimer et de pratiquer le bien, de haïr et d'éviter le mal : cette obligation est la loi de sa nature.

Cette proposition est un axiome ; il faut l'admettre, parce que son évidence frappe tous les esprits. Aussi n'a-t-elle jamais été contestée ; les débats de la philosophie n'ont porté et n'ont pu porter que sur un seul point : Qu'est-ce que le bien ? C'est ici que commence la discussion.

(1) Liv. II, chap. IV.

Nous examinerons plus tard si l'âme distingue le bien et le mal en vertu d'une faculté ou d'une idée ; mais dans quelque sens que la question nous paraisse devoir être résolue, la distinction n'en sera pas moins réelle. Le point de fait est inattaquable ; l'âme distingue le bien et le mal, le juste et l'injuste, et elle se sent obligée de pratiquer le bien et d'éviter le mal.

Cette obligation, c'est le devoir.

Du devoir ou de l'obligation morale dérivent les devoirs ou l'application pratique de la loi générale aux faits particuliers.

La psychologie nous a montré l'âme comme une force douée de sensibilité, d'intelligence et de liberté : sous ce triple rapport sa loi, c'est le développement.

Le développement de la force moi, n'est pas isolé ; il se fait en présence d'autres forces qui ont aussi leur sphère d'action. Cette contiguité établit des rapports de toute espèce, qui limitent et déterminent le développement des forces individuelles.

L'homme, par sa condition, se trouve en rapport avec ses semblables dans sa famille, dans l'état et dans l'humanité ; avec la nature, qui est comme lui l'œuvre de Dieu, et avec Dieu, qui est la source commune de toute existence.

Ainsi l'homme, par le seul fait de son existence, est soumis à une loi ; l'accomplissement de cette loi, c'est le devoir; mais comme la force libre, ou l'âme ou la personne humaine est en rapport avec un système d'organes, avec des forces semblables à lui, égales à lui, puis avec des forces inférieures, et enfin avec la force suprême, et que toutes ces forces ont des droits qu'il doit respecter ; il en résulte qu'il aura des devoirs envers toutes ces forces égales, inférieures ou supérieures à la sienne.

La connaissance de ces devoirs est l'objet de la morale, qui se divisera naturellement en deux parts : la science du devoir et la science des devoirs ; la science des devoirs se subdivisera d'après les forces avec lesquelles l'homme est en rapport.

Le devoir est la source des devoirs ; le devoir est absolu, les devoirs sont relatifs. Si l'obligation morale n'existait pas d'une manière absolue, elle ne naîtrait point dans les rapports. Il faut avant tout que l'homme reconnaisse que le développement de sa force n'est ni facultatif ni arbitraire, c'est-à-dire qu'il ne peut pas ne pas agir, et en outre qu'il ne peut pas agir dans toute direction.

Cette notion première est absolue ; elle domine toutes les applications, elle ne dépend pas du fait ; elle sert à qualifier tous les faits sous le rapport de la moralité. Le devoir est aux devoirs comme le fond est à la forme, comme la substance est aux qualités.

La morale a donc pour objet de constater la loi ou l'obligation morale, et d'en déterminer les différentes formes.

XXX.

Des divers motifs de nos actions. Est-il possible de les ramener à un seul ? Quelle est leur importance relative.

Des divers motifs de nos actions.

On entend par motifs d'action les causes qui

nous déterminent à agir en donnant le branle à la volonté.

Nous ne nous déterminons à faire quelque chose que dans l'un des trois cas qui suivent : ou parce que cette chose nous est agréable, ou parce qu'elle nous est utile, ou parce qu'elle nous paraît juste. Nous ne parlons pas des actes auxquels nous sommes contraints par la violence, puisqu'ils n'appartiennent pas à la volonté et ne sont pas imputables. Ainsi nos motifs d'action peuvent se rapporter à trois chefs principaux : le plaisir, l'utilité et le devoir.

Les actes que nous faisons pour éviter la douleur, se rapportent naturellement au premier chef.

Ces trois motifs ne rentrent pas l'un dans l'autre ; car une chose peut être agréable sans être ni utile ni juste.

Elle peut être utile, sans être juste ni agréable, au moins immédiatement.

Elle peut être juste, sans procurer ni utilité ni plaisir.

Le plaisir est un motif d'action auquel l'homme cède naturellement par un attrait presque irrésistible ; cependant lorsque nous cédons à ce penchant de notre nature, nous jugeons que nous aurions pu nous abstenir légitimement ; en d'autres termes, nous ne nous croyons pas forcés d'avoir du plaisir, et lorsqu'au lieu de céder à cet attrait nous y résistons, nous éprouvons quelquefois une vive satisfaction ; nous nous sentons et plus forts et meilleurs.

L'utilité considérée indépendamment du plaisir et du devoir qui peuvent s'y trouver unis, nous détermine aussi à agir ; mais, comme le plaisir, elle n'est pas obligatoire. Il arrive souvent que nous nous croyons en droit de sacrifier notre utilité comme notre plaisir, et qu'après ce sacrifice nous nous estimons meilleurs qu'auparavant.

Le devoir est aussi mobile d'action, mais avec un caractère qui le distingue profondément du plaisir et de l'utilité; lorsque nous cédons à l'impulsion qu'il donne à la volonté, nous sentons que nous ne pouvions pas lui résister sans manquement à la loi, et qu'en suivant la ligne qu'il nous trace nous sommes forts et bons.

Est-il possible de les ramener à un seul ?

Nos motifs d'actions sont donc divers dans leur nature, puisque nous cédons le plus souvent au plaisir et à l'utilité par faiblesse, tandis que nous avons toujours conscience de notre force quand nous obéissons au devoir.

La pratique habituelle des hommes a jeté sur cette matière une étrange obscurité. Comme la plupart des actions, chez le grand nombre, et toutes, chez quelques-uns, n'ont pas d'autres mobiles que le plaisir et l'utilité, quelques philosophes, substituant le fait au droit, se sont imaginé que la loi de l'homme était de suivre le plaisir et l'utilité, et ils ont placé le devoir dans l'obéissance à ces instincts de notre nature; mais la conscience proteste contre cette confusion. Car si la loi de l'homme était de suivre en tout le plaisir et l'intérêt, il serait coupable lorsqu'il refuse de leur obéir : or, c'est précisément le contraire qui arrive. On comprend et souvent on excuse l'homme dont les actions ont pour motif l'intérêt et le plaisir, mais on ne lui accorde ni estime ni admiration.

Nos motifs d'actions ne peuvent donc pas se réduire à un seul; le plaisir ne se confond pas avec l'utilité, et tous deux sont profondément distincts de la justice.

Quelle est leur importance relative?

Le plaisir est le plus vulgaire de ces motifs; l'utilité vient après; et le premier rang appartient à la justice. Les actions qui relèvent des deux premiers motifs n'ont point de valeur morale; celles qui ont été inspirées par la justice ont seules ce caractère : c'est par elles que l'homme prend place au-dessus des animaux.

XXXI.

Décrire les Phénomènes moraux sur lesquels repose ce qu'on appelle conscience morale, sentiment ou notion du devoir, distinction du bien et du mal, obligation morale.

C'est un fait incontestable, que nous jugeons nos actes et ceux de nos semblables sous le rapport du bien et du mal, et que cette distinction ne se confond pas dans notre esprit avec celle que nous faisons entre le plaisir et la douleur, entre l'utilité et le dommage.

Lorsque nos actes nous semblent conformes à la notion du bien, nous éprouvons un sentiment de vive satisfaction; et lorsqu'ils nous semblent contraires à cette notion, nous ressentons une douleur qui déchire l'âme et qui prend le nom de remords.

Lorsque nous éprouvons la satisfaction morale qui suit un acte vertueux, nous nous prenons en estime, nous sommes fiers et heureux de notre force ; si au contraire nous avons cédé à l'attrait du vice, nous sommes humiliés du sentiment de notre faiblesse, et nous nous prenons en haine et en mépris.

Ce phénomène résulte de l'imputation que nous nous faisons de nos actes, en vertu de la conscience de notre liberté et de l'appréciation de ces mêmes actes que nous faisons en les jugeant d'après la règle du bien et du mal.

L'analogie nous conduit à transporter aux actes de nos semblables l'imputation et l'appréciation que nous avons faite sur les nôtres. Nous les rendons responsables de leurs actes, parce que nous les croyons libres comme nous le sommes, et nous les jugeons coupables ou vertueux, parce que nous admettons qu'ils possèdent comme nous la notion du bien et du mal; et en vertu de cette assimilation, nous les aimons dans la vertu et nous les haïssons dans le vice, comme nous nous aimons et comme nous nous haïssons nous-mêmes.

L'estime que nous faisons de la vertu et la haine que nous inspire le vice, prouve l'affinité de l'âme humaine et du bien : c'est par ce sentiment qu'elle adhère à la source de vie dont elle émane et qu'elle tend à s'en rapprocher; c'est aussi par-là qu'elle pourra s'y réunir et s'y confondre.

Ce sentiment est ce que saint Jean appelle le verbe du Seigneur, la lumière qui illumine tout homme venant dans ce monde :

> Dixit que semel nascentibus auctor
> Quidquid scire licet.

On a voulu donner comme principe à l'idée du bien et du mal, le sentiment moral, c'est-à-dire le plaisir et la douleur que nous cause la vue du bien et du mal; mais il est évident que ce sentiment est un résultat et non un principe; il prouve la convenance de l'âme et du bien, comme le plaisir et la douleur physiques prouvent la convenance ou l'hostilité du corps et des causes extérieures qui en sont le principe. Ce sentiment a été donné à l'âme dans l'intérêt de sa conservation et de son développement, comme la sensation a été instituée pour la conservation et le développement du corps.

Il est d'ailleurs impossible de comprendre comment un sentiment, une émotion, peut se transformer en idée; quand nous distinguons un sentiment, c'est-à-dire lorsque nous ne le confondons pas avec un autre, nous ne connaissons que lui et non son principe.

Nous admettrons encore moins que la distinction du bien et du mal repose sur le plaisir et sur la douleur physiques; s'il en était ainsi, tout plaisir serait un bien, toute douleur serait un mal : la distinction profonde que nous établissons entre ces phénomènes serait impossible; car si le bien est le plaisir, et le mal la douleur, à quel titre pourrons-nous dire que tel plaisir est un mal, telle douleur un bien? si ces idées étaient identiques à leur origine, comment cette identité s'évanouirait-elle? Pour être conséquent, il faudrait dire, non pas que le sacrifice est une duperie, mais un crime. Or, les plus intrépides matérialistes n'ont pas encore été jusque là ; ils ont eu de la pitié pour le dévouement, mais du mépris et de l'indignation, ils n'étaient pas en mesure d'en avoir.

Quelques philosophes ont imaginé que cette distinction était d'invention humaine ; qu'elle avait été créée dans l'intérêt de l'ordre social, et que si nous n'avions pas entendu parler de bien et de mal nous n'aurions point ce préjugé, qui est le principe de la satisfaction morale et du remords. Cette étrange opinion ne manque pas de partisans ; mais on a peine à comprendre comment elle a pu s'établir dans des têtes pensantes : c'est donner aux mots une puissance de création bien merveilleuse. Ceux qui adoptent cette opinion seraient bien surpris si on venait leur dire que nous avons l'idée des corps et des couleurs, parce que nous les avons entendu nommer; ils répondraient sans doute que cela n'est pas possible, parce que les mots ne sont que des modifications de la voix, qui n'offrent aucun sens à ceux qui ne savent pas quelle notion ils représentent, et qui n'ont pas cette notion dans leur esprit. Parlez du blanc et du noir à quelqu'un qui n'aura jamais vu ces couleurs, et vous verrez si vous parvenez à vous faire comprendre : en prononçant ces mots, vous leur ferez connaître une certaine modification du son et pas autre chose. Ce qui est vrai du mot blanc et du mot noir, ne l'est pas moins du mot bien et du mot mal ; si donc l'idée qu'ils représentent manquait absolument à l'esprit, ils ne pourraient pas l'y introduire : si l'homme ne concevait pas naturellement l'idée du bien et du mal, il ne l'aurait jamais ; les mots qui la réveillent aujourd'hui dans l'entendement expireraient dans son oreille, et n'auraient point d'écho dans l'intelligence.

La notion du bien et du mal est donc naturelle à l'homme ; elle luit dans son intelligence par le développement d'une faculté supérieure que l'on appelle raison. Nous connaissons le bien et le mal par simple intuition, comme nous connaissons le monde intérieur ou le moi, et le monde extérieur physique : c'est un fait primitif qui a sa raison dans la faculté générale de connaître, laquelle se constate et ne s'explique pas.

L'obligation morale est aussi un fait primitif; la loi étant connue, nous reconnaissons instantanément qu'elle nous lie, qu'elle est obligatoire. Ce caractère, nous ne le reconnaissons ni au plaisir ni à l'utilité ; il n'y a que le devoir qui oblige. Nous savons que nous pouvons, sans mal faire, renoncer au plaisir et sacrifier nos intérêts ; mais la conscience proclame hautement que nous ne pouvons pas, sans crime, nous soustraire au devoir :

> Summum crede nefas animam præferre pudori,
> Et propter vitam, vivendi perdere causas.

XXXII.

Du mérite et du démérite. — Des peines et des récompenses. — De la sanction de la morale.

Du mérite et du démérite.

Il y a des actes moraux, des actes immoraux, et des actes indifférens.

La moralité d'un acte suppose dans l'agent intelligence, liberté et force ; si l'agent ne sait pas ce qu'il fait, ou si sa volonté a été entraînée par une force supérieure, irrésistible, l'acte n'est point imputable et ne présente en conséquence aucun caractère moral. Mais il ne suffit pas que la volonté se soit déterminée sciemment et librement pour que l'action soit méritoire, il faut encore qu'il y ait eu une lutte à soutenir, une résistance à vaincre, et que cette résistance ait été vaincue par des motifs tirés de la loi du devoir.

La moralité n'est pas un fait extérieur, les actes ne sont pas moraux ou immoraux en eux-mêmes et d'une manière absolue, il sont tels par l'intention de la volonté qui les a produits. Beaucoup d'actions réputées bonnes n'ont souvent aucune valeur morale, et peuvent même être entachées d'immoralité. Les soins donnés aux vieillards sont méritoires, s'ils ont pour principe le précepte qui nous commande d'honorer la vieillesse et de soutenir les faibles; mais si on s'y livre en vue d'avantages ultérieurs, le mérite disparaît et l'immoralité commence. Si l'on secourt les pauvres par principe de charité et dans une proportion qui nous impose un sacrifice, l'acte est vertueux; mais si nous prenons sur notre superflu pour satisfaire notre vanité, nous sommes des glorieux plutôt que des hommes de bien. Nous avons une règle sûre pour apprécier nos actes personnels, c'est la conscience morale; pour juger celles des autres, nous n'avons que l'analogie. C'est pour cela qu'on porte sur les mêmes actions des jugemens si divers; nous faisons volontiers les autres à notre image, et par suite de ce penchant, les hommes vertueux reconnaissent la vertu quand ils en voient les apparences, ils prêtent aux actions de leur prochain le mobile qui dirige les leurs, tandis que ceux qui ont pour habitude de prendre pour règle leurs passions et leur intérêt, ramènent aux mêmes principes les actions d'autrui. Il n'y a que celui qui sonde les cœurs et les reins, qui connaisse au vrai la valeur morale de toutes les actions.

Des peines et des récompenses.

L'idée de justice fournie par la raison, nous montre que la vertu a droit à une récompense, et que le vice appelle un châtiment : c'est là un principe, un axiome de morale que nous admettons forcément en vertu de la raison et non par déduction. Si l'on demande pourquoi la vertu appelle une récompense et le vice un châtiment, il n'y a rien à répondre, sinon que cela est ainsi.

La satisfaction morale est la première et la plus douce récompense de la vertu, le remords est le premier châtiment du crime. Ces récompenses et ces peines intérieures ne sont pas les seules, l'estime de nos semblables s'ajoute à l'estime de nous-mêmes et la redouble, de même que le mépris et la haine s'ajoute aux remords; si ces peines et ces récompenses étaient toujours en raison directe du mérite et du démérite, la morale aurait sa sanction sur la terre, et la justice y serait satisfaite; nous n'aurions dès lors aucune raison philosophique de croire à la durée ultérieure de la personne humaine : le règne de Dieu étant sans partage sur la terre, on ne voit pas ce que nous aurions à lui demander en la quittant; il nous doit justice et non faveur; or la justice, si les choses allaient de ce pas, serait satisfaite à tous les instans de la durée, puisque le vice et la vertu auraient eu récompense et peine immédiate et proportionnelle. Mais il n'en va pas ainsi; la joie du sacrifice n'est pas sans mélange, la satisfaction qu'inspire la pratique du bien s'affaiblit par l'habitude, comme le remords qui ne châtie guère en raison de leurs méfaits que les criminels novices; l'estime d'autrui ne s'ajoute pas toujours à la conscience du bien, les intentions les plus pures sont calomniées, et l'histoire nous montre que les plus nobles apôtres de la vertu ont souvent recueilli en retour de leurs efforts, la haine et la calomnie, tandis que le vice, secondé par la fortune et la corruption des mœurs, a joui trop souvent des hommages de la foule et de la considération publique. Ces anomalies apparentes ont leur raison dans la nature même de l'homme et dans le but de la vie; elles sont les conditions mêmes du vice et de la vertu; car si les choses étaient réglées de telle sorte que le vice fût constamment puni et la vertu récompensée, il suffirait d'un calcul grossier pour nous retenir dans les voies du bien, et nous y resterions sans mérite; nous serions au niveau des autres forces de la nature qui accomplissent sans effort la loi de leur être, sans que nous puissions attribuer un caractère moral à leurs mouvemens et à leurs révolutions.

De la sanction de la morale.

La sanction de la morale est donc dans la peine et dans la récompense; mais comme la peine et la récompense ne sont pas équitablement réparties pendant le cours de notre vie terrestre, nous attendons avec confiance une vie meilleure après les épreuves d'ici bas ; et forts des sentimens de justice que la nature a mis au fond de nos cœurs, pour en faire la règle de nos actions, nous portons nos espérances au-delà de la terre, nous appelons une sanction nouvelle et complète qui règle définitivement les comptes du vice et de la vertu.

> Abstulit hunc tandem Rufini pœna tumultum
> Absolvitque Deos.

XXXIII.

Division des devoirs.—Morale individuelle, ou devoirs de l'homme envers lui-même.

Division des devoirs.

Nous avons vu que l'homme était une force sensible, intelligente et libre, en contact avec un système de forces organiques qu'on appelle le corps, et uni par une foule de rapports avec des forces égales, inférieures et supérieures : de ces divers rapports naissent des devoirs dont la connaissance est l'objet de la morale qui se divise en morale individuelle, morale sociale et morale religieuse.

Nous devons donc d'abord considérer l'homme isolément et voir ce qu'il se doit à lui-même, et ensuite ce qu'il doit à ses semblables, et enfin ce qu'il doit à l'être suprême dont il est émané.

Morale individuelle, ou devoirs de l'homme envers lui-même.

L'homme pris isolément a des devoirs envers son

âme et envers son corps, il doit les conserver et les développer dans le sens de leur nature.

L'âme est triple dans son unité ; sensible, intelligente et libre, elle doit tendre par cette triple voie à la fin qui lui a été marquée par la Providence. L'homme ne doit donc mutiler ni sa sensibilité, ni son intelligence, ni sa liberté, mais les faire concourir à l'accomplissement de la loi.

La sensibilité physique avertit l'homme des besoins dont la satisfaction est nécessaire au bien être et à la conservation du corps ; mais comme la satisfaction des appétits physiques est accompagnée de plaisir, il arrive souvent que, pour renouveler et aviver les sensations agréables qu'il éprouve, l'homme pousse ses désirs au-delà du besoin réel, et poursuit comme but la jouissance, qui est l'avertissement et la récompense de l'accomplissement de la loi : il y a dès lors excès et violation de la loi. La fatigue, la tristesse et le dégoût l'avertissent alors qu'il a dépassé le but ; s'il se laisse aller dans cette voie, il se déprave rapidement ; le plaisir physique, c'est-à-dire la plus grossière volupté devient sa loi et asservit à ses caprices les plus nobles facultés de son être ; la recherche des jouissances matérielles le détourne des travaux de l'esprit, et le fait déchoir de la liberté par laquelle il est placé au-dessus des animaux ; son intelligence s'obscurcit et s'appesantit, et l'habitude de céder aux sollicitations de la chair lui enlève peu à peu la puissance d'y résister. Lorsque la sensibilité physique s'est asservie les autres facultés de l'âme, elle ne tarde pas à les absorber presque complètement : ce n'est pas tout ; comme elle s'émousse elle-même par l'habitude des jouissances, elle appelle chaque jour des excitations plus vives, qui, cessant bientôt de la satisfaire, la forcent de recourir à des causes d'irritation plus énergiques ; ces excitations l'épuisent dans sa source, et la poussent à une destruction rapide à travers des convulsions qui la dénaturent et finissent par la briser. L'âme a droit, par sa nature, à une certaine somme de plaisir proportionnée à sa force : c'est là son revenu légitime ; si elle le dépasse, elle prend sur le fonds et se ruine. Si l'on veut y réfléchir on verra que ces excès de la sensibilité physique conduisent au suicide par le dégoût, ou à une mort prématurée en jetant le trouble dans les organes de la vie : ces désordres indiquent la limite que la sensibilité physique ne peut pas franchir sans manquer à sa vocation.

Les plaisirs de l'esprit, et les plaisirs du cœur ou la sensibilité intellectuelle et morale ont aussi leurs limites qu'il faut respecter : cette intempérance n'est pas à placer sur la même ligne que celle des sens, mais elle est coupable, elle viole la loi, et elle a sa sanction dans l'affaiblissement de l'esprit et l'énervement de l'âme. L'esprit a ses appétits comme le corps, il aspire à connaître, et la nature a attaché à la découverte et à la possession de la vérité un plaisir qui atteste l'affinité de l'âme et de la science. Mais ce plaisir, qui est la récompense, ne doit pas être le but. L'homme doit à son intelligence de la développer et de la conduire dans les voies de la vérité ; l'intelligence se fortifie par l'exercice, mais par un exercice méthodique : les règles de la logique sont aussi des lois de morale. Puisque la vérité est l'aliment de l'esprit et que l'erreur en est le poison, il faut rechercher et pratiquer les règles qui conduisent à la découverte de la vérité, d'autant plus que l'erreur et la vérité ne sont pas stériles dans l'esprit, qu'elles y pénètrent comme principes et s'y développent selon leur nature. Toute intelligence doit étudier sa portée et sa vocation, et se diriger, selon sa force, vers les sources qui doivent l'abreuver. Cette étude de notre force et de notre vocation intellectuelle, recommandée par Horace comme une règle poétique,

Quid ferre recusent
Quid valeant humeri :

est trop souvent mise en oubli : nous écoutons volontiers, dans la direction imprimée à notre intelligence, les suggestions de notre amour-propre ou de la vanité de nos proches ; et nos efforts malheureux nous poussent dans des carrières où nous portons une présomptueuse insuffisance, source de mécomptes pour nous-mêmes, et de désordre pour la société qui souffre du mauvais emploi et de l'infirmité de ses membres.

L'homme se doit à lui-même de cultiver sa volonté, et d'assurer l'empire qu'elle a droit d'exercer sur la sensibilité et l'intelligence. La volonté est la personne même ; si donc cette faculté se dégrade, la personne s'avilit. La force volontaire et libre maintient seule la dignité de l'homme ; si nous la laissons dominer par les impulsions intérieures et extérieures, et que nous la livrions comme un jouet docile à toutes les influences, nous passons de l'état de personne à l'état de chose, instrumens au lieu d'agens, esclaves et non plus maîtres : ce n'est pas l'orgueil que nous recommandons ici, mais la possession de soi-même, qui annoblit l'obéissance comme le commandement.

Tels sont en général les droits de l'homme envers son âme; ils tendent tous à la fortifier et à l'ennoblir : c'est là la pierre de touche de la morale individuelle; tout ce qui affaiblit et dégrade est contraire à la loi, tout ce qui fortifie et élève est conforme à la loi.

L'homme, suivant l'élégante définition de M. de Bonald, est une intelligence servie par des organes : cette définition établit le véritable rapport de l'âme et du corps. Le corps est le serviteur de l'âme; l'âme doit donc en retour des services qu'elle en reçoit, et, pour sa propre utilité, le conserver et le fortifier. Toute doctrine qui conduit à l'affaiblissement et à la mutilation du corps est contraire à la nature : nous devons conserver nos organes et les améliorer, non-seulement en vue de l'âme qu'ils servent si merveilleusement, mais en vue du corps lui-même, dont la perfection glorifie son auteur. Sous ce point de vue l'hygiène, qui assure la régularité des fonctions organiques, et la gymnastique, qui donne aux forces physiques plus de souplesse et d'énergie, font partie de la morale. Les ablutions recommandées par la plupart des religions, et les jeux publics dans lesquels la Grèce et le Moyen Age honoraient la force physique, sont des hommages rendus à cette loi de la nature. Les théories qui font du corps une prison abominable et une guenille, calomnient, par une exagération de spiritualisme, une des merveilles de la création; on est tenté de leur opposer cette naïveté sublime de notre grand comique :

Guenille soit ; ma guenille m'est chère.

Prenons donc le corps pour ce qu'il est ; c'est-à-dire pour le compagnon et pour le serviteur de l'âme, et travaillons à maintenir entre eux l'harmonie, qui est la condition de notre bonheur et de notre amélioration ; sachons nous tenir dans un juste milieu entre le matérialisme qui abrutit l'âme au profit du corps, et l'ascétisme qui mutile et ruine le corps par la tyrannie de l'âme, et rappelons-nous cette pensée profonde de Pascal :

« L'homme n'est ni ange ni bête ; et le malheur veut que qui veut faire l'ange fait la bête ».

XXXIV.

Morale sociale, ou devoirs de l'homme envers ses semblables. 1° *Devoirs envers l'homme en général ;* 2° *Devoirs envers l'état.*

L'homme ne vit pas dans l'isolement, il occupe une place déterminée dans un système général. L'état social établit entre lui et ses semblables des rapports qu'il doit apprécier, à l'aide du sens moral dont il est doué. Il fait partie de la société humaine, de la société nationale et de la famille. Comme membre de l'humanité, de la nation et de la famille, il a des devoirs à remplir, et la connaissance de ces devoirs est l'objet de la morale sociale. Nous indiquerons sommairement tous ces devoirs dans leur ordre de génération.

L'humanité est une immense famille dont tous les membres sont frères; les rapports qui naissent de cette situation sont la base des devoirs de l'homme envers l'humanité.

> Homo sum nihil humani à me alienum puto.

Rien n'est indifférent dans l'ordre général des intelligences; l'humanité agit sur l'homme et l'homme sur l'humanité: il y a solidarité entre les parties du tout comme entre le tout et ses parties. La condition de l'humanité importe à tous les individus qui la composent, et la condition morale de l'individu (1) n'est pas indifférente à l'ensemble de la famille humaine; nous devons donc régler nos pensées et notre conduite de la manière la plus propre à les faire concourir au bien général de l'humanité. Pour asseoir notre moralité sur une base solide, nous aurons d'abord à considérer l'humanité dans son rapport avec Dieu, source de toute vérité; car le bien de l'humanité, c'est sa marche dans les voies de Dieu.

Devoirs envers l'homme en général.

Le premier devoir de l'homme envers l'humanité, c'est l'amour ou plutôt la charité : ce devoir se place en première ligne, parce qu'il est la source de tous les autres. En effet, la charité éclaire l'intelligence

---

(1) Songeons à cette épouvantable communication de crimes qui existe entre les hommes : Complicité, Conseil, Exemple, Approbation; mots terribles qu'il faudrait méditer sans cesse! Quel homme sensé pourra songer sans frémir à l'action désordonnée qu'il a exercée sur ses semblables, et aux suites possibles de cette funeste influence. Rarement un homme se rend coupable seul, rarement un crime n'en produit aucun autre. Où sont les bornes de la responsabilité?

DE MAISTRE, *Soirées de St.-Pétersbourg.*

en même temps qu'elle échauffe le cœur : elle donne tout ensemble la chaleur et la lumière. Si ce sentiment manque à l'âme, l'esprit ne verra rien avec clarté dans les choses de la vie, les hommes ne seront plus des frères, mais des ennemis ; et le créateur du monde, au lieu de leur apparaître comme une force bienfaisante, ne sera plus que l'ordonnateur d'une lutte insensée. La charité nous commande de travailler dans la mesure de nos forces au bien de nos semblables; et comme la conduite des hommes dépend de leurs idées sur le bien et le mal, sur la vocation du genre humain et celle de l'homme en particulier, et que leur conduite est la source de leur bonheur ou de leur infortune, de leur dignité et de leur abaissement, nous devons à nos semblables l'exemple des bonnes œuvres et la prédication des bons principes. Telle est la source de ces dévouemens sublimes qui poussent à travers mille dangers, dans les contrées les plus barbares, les généreux apôtres de la parole évangélique. La charité ne permet pas à la vérité de demeurer oisive dans le cœur de l'homme ; elle inspire une irrésistible ardeur qui fait taire la voix de la prudence humaine. Toutes les nobles âmes qui ont proclamé des vérités nouvelles, savaient bien qu'elles faisaient le sacrifice du repos et peut-être de la vie ; mais l'empire de la vérité, fortifié par l'amour de l'humanité, les poussait, malgré qu'elles en eussent, à proclamer ce que leur raison ou une faveur spéciale de Dieu leur avait révélé. Celui qui a osé dire que s'il avait la main pleine de vérités il se garderait bien de l'ouvrir ; celui-là n'avait rien dans la main, et il avait dans le cœur un lâche égoïsme : la vérité ne pénètre pas dans ces âmes vulgaires ; car elle passe par le cœur (1) avant d'arriver à l'intelligence.

La charité, dans ses applications particulières, conduit l'homme à toutes les vertus dont la pratique améliore la condition sociale, et rend plus facile la tâche de ceux qui gouvernent et de ceux qui obéissent : l'indulgence pour les fautes, la bienfaisance envers le malheur, la tolérance pour les opinions, et surtout le respect de la dignité de l'homme qu'ennoblit sa divine origine.

Dans l'ordre général de l'humanité, la charité qui a été proclamée par l'Evangile comme la loi de l'âme, a déjà produit l'esprit cosmopolite qui soumet les intérêts particuliers des peuples aux intérêts plus élevés de l'humanité. Les barrières qui séparent encore les nations commencent à s'abaisser ; les haines qui les divisaient se calment tous les jours, et le philosophe peut raisonnablement, à la vue de cette tendance générale des esprits, entrevoir l'avenir de gloire et de bonheur où les individualités nationales se confondront dans l'unité du genre humain.

Devoirs envers l'état.

Nous venons d'exposer les devoirs de l'homme envers l'humanité ; nous allons maintenant le considé-

(1) Il est des vérités que l'homme ne peut saisir qu'avec l'esprit de son cœur. (*Mente cordis sui.* Luc. 1, 51.) Plus d'une fois l'homme de bien est ébranlé en voyant des personnes, dont il estime les lumières, se refuser à des preuves qui lui paraissent claires : c'est une pure illusion ; ces personnes manquent d'un sens, et voilà tout. Lorsque l'homme le plus habile n'a pas le sens religieux, non seulement nous ne pouvons pas le vaincre, nous n'avons même aucun moyen de nous faire entendre de lui ; ce qui ne prouve rien, que son malheur.

De Maistre, *Soirées de St.-Pétersbourg.*

rer dans l'état, et déterminer les devoirs que lui impose cet ordre de rapports.

L'état se compose de la nation, de la cité et de la famille. La nation fait partie de l'humanité, la cité est comprise dans l'état, la famille dans la cité, et l'homme dans la famille. De même que nous avons placé Dieu au-dessus de l'humanité, nous placerons l'humanité au-dessus de la nation, la nation au-dessus de la cité, la cité au-dessus de la famille, la famille au-dessus de l'individu. La ligne des devoirs ainsi tracée décrit une sorte de spirale dont le point de départ est dans l'infini, et le terme dans la conscience humaine. « Chacun tend à soi, dit Pascal, cela est contre tout ordre ; il faut tendre au général, et la pente vers soi est le commencement de tout désordre en guerre, en police, en économie, etc. Si les membres des communautés naturelles et civiles tendent au bien du corps, les communautés elles-mêmes doivent tendre à un autre corps plus général. Quiconque ne hait point en soi cet amour-propre et cet instinct qui le porte à se mettre au-dessus de tout, est bien aveugle, puisque rien n'est si opposé à la justice et à la vérité. » Ce qui est vrai des individus l'est aussi des nations, qui sont des individus par rapport à l'humanité. Les nations vraiment dignes de ce nom ont une vocation particulière qui leur est révélée par l'instinct de leur génie. Les hommes qui sont appelés à diriger la marche de ces nations, doivent les conduire dans le sens de leur vocation ; ils ne peuvent pas les en détourner sans se mettre en flagrant délit d'impiété ; car la vocation des nations ne leur vient pas d'elles-mêmes, mais de Dieu. Lorsque cette vocation est combattue par les chefs de l'état, l'instinct naturel des peuples les porte à la résistance, et s'ils ne peuvent triompher sans violence, il s'engage alors de ces luttes terribles qu'on appelle révolutions. Les révolutions sont à la lettre des interventions de Dieu dans les affaires humaines : elles puisent leur force dans une loi qui domine toutes les autres, et c'est pour cela qu'elles sont irrésistibles. Ces hautes considérations doivent présider à la conduite de ceux qui gouvernent et qui ne sauraient puiser leurs principes dans une sphère trop élevée, puisqu'ils ont à diriger les forces dont ils disposent dans leur rapport avec l'ordre général de l'humanité. Ainsi une nation ne doit pas être gouvernée seulement en vue d'elle-même, mais en vue de l'humanité, ou plutôt de Dieu ; car l'humanité bien comprise, c'est Dieu lui-même.

Les devoirs généraux de l'homme envers la communauté nationale dont il fait partie, seront donc déterminés par le rôle assigné à cette nation dans l'histoire de l'humanité. Mais à côté des nations réelles, il y a des nations artificielles qui vivent d'une vie fausse et empruntée ; ces fausses nations ne sont pas destinées à vivre comme nations, leur sort leur est annoncé, comme aux vieillards, par la difficulté d'être. Les membres de ces communautés, au lieu de travailler à conserver des individualités sans force et sans dignité, doivent songer à les rattacher à leur véritable centre de vie : le patriotisme n'est là qu'une vertu étroite et fausse que l'intérêt de l'humanité doit combattre et vaincre. Heureusement pour nous, nous ne sommes pas ainsi placés ; nés que nous sommes dans cette glorieuse France dont la grandeur est, suivant la belle expression de M. Cousin, l'espérance du monde.

Ce qui précède indique les devoirs généraux des membres de la communauté nationale, dans leurs rapports avec les autres communautés de même nation : il nous reste à examiner ce qu'ils doivent à la communauté elle-même, c'est-à-dire aux lois qui la régissent. Les lois sont la vie des nations, quand elles expriment les rapports nécessaires qui résultent de la nature des choses. Si ces lois étaient toujours une expression fidèle, il est évident qu'elles seraient constamment obligatoires ; mais elles sont faites de main d'hommes, et elles portent quelquefois l'empreinte de leurs passions et de leur aveuglement. Il y a des lois injustes : ces lois sont-elles obligatoires? et si elles ne le sont pas, quand et comment peut-on leur résister? Ces questions sont épineuses, et l'on risquerait fort, en les résolvant dans une formule générale, de donner gain de cause au despotisme ou à l'anarchie : ce sont des cas de conscience politique que l'on doit décider en présence des faits et sous l'inspiration de la conscience. La conscience nous dit de faire à l'intérêt de tous le sacrifice de notre propre intérêt : si donc la soumission à l'injustice importe au bien général, il faut nous soumettre; mais si en cédant sur nos droits nous devons compromettre ceux des autres et encourager les exécuteurs de la loi dans une voie mauvaise, il faut résister à nos risques et périls. L'obéissance passive, commandée d'une manière absolue, est une doctrine avilissante et impie ; la résistance active, est un système d'orgueil et de désordre ; d'orgueil, puisqu'elle suppose l'infaillibilité de notre faible raison et l'excessive importance de nos droits ; de désordre, parce que la force opposée au caprice est une source féconde de troubles. Il ne faut donc ni obéir ni résister absolument ; il faut, en général, se soumettre quand la société ne doit pas souffrir de notre obéissance ; et quand, après avoir épuisé tous les moyens dont l'emploi est autorisé par les formes protectrices de la législation, nous n'avons pas réussi à faire triompher notre droit, nous devons nous abstenir et attendre la violence au lieu d'en prendre l'initiative. L'obéissance active, c'est-à-dire l'obéissance volontaire et intelligente, et la résistance passive, c'est-à-dire le refus d'agir fondé sur le droit, sont les seules règles de conduite qu'on puisse proposer ; elles concilient la dignité humaine avec l'ordre qui est nécessaire aux progrès et au bien-être de la société.

Les principes que nous venons de développer peuvent nous diriger dans nos rapports avec la ville qui nous a vu naître et la famille dont nous faisons partie. Nous devons subordonner le patriotisme communal au patriotisme national, et l'esprit de famille à l'intérêt de la commune ; nous devons travailler à l'agrandissement de la cité en vue du pays, et à celui de la famille en vue de la cité et du pays, qui se rattachent, comme nous l'avons vu, à l'humanité et à Dieu. Nous ne descendrons pas à l'énumération des devoirs qui dérivent de la position spéciale de chaque citoyen ; il est clair que l'on doit en raison de ce qu'on peut, et que la mesure de nos devoirs est dans l'importance de notre position de rang ou de fortune, et des facultés que la nature nous a départies.

L'homme, considéré dans la famille, s'y trouve placé dans des conditions diverses : comme fils, comme époux, comme père et comme maître. Il serait trop long d'entrer dans les détails qui se rattachent à ces divisions. La loi du sacrifice personnel à un intérêt supérieur, trouve son application dans la détermination des devoirs de famille, et jamais un sens droit et une conscience pure ne nous égarent dans la pratique des vertus domestiques.

XXXV.

Énumération et appréciation des différentes preuves de l'existence de Dieu.

L'existence de l'Etre-Suprême ou de la Raison universelle des choses, repose sur un grand nombre de preuves qu'on a classées sous trois chefs principaux, et qui se divisent de la manière suivante : preuves métaphysiques, preuves physiques, preuves morales.

Preuves métaphysiques.

Idée de cause absolue fournie par la raison.

De la cause moi, cause contingente et finie, nous passons, par la vertu de notre raison, à l'idée de cause absolue et de cause nécessaire.

La cause nécessaire n'est pas contenue dans la cause contingente ; nous ne l'en tirons pas par voie de déduction, puisque la déduction ne peut tirer d'un jugement que ce qu'il contient, et que le fini ne contient pas l'infini ; ce n'est pas non plus par induction, puisque les données de l'induction sont variables et contingentes, et que l'idée de Dieu est nécessaire et absolue.

L'être contingent étant donné, nous concevons forcément l'être nécessaire; comme la durée et l'étendue étant données, nous concevons le temps et l'espace.

Il serait absurde de supposer la contingence de tous les êtres ; cette hypothèse implique contradiction : dire que tout ce qui existe est contingent, c'est en même temps affirmer et nier l'existence. Elle serait, c'est l'hypothèse, et elle ne pourrait pas être; car tous les êtres n'ayant pas l'existence par leur nature, ils n'auraient pu la recevoir d'autrui, puisque hors de la collection des êtres, il n'y a aucun être; ils n'auraient donc ni un principe interne ni une cause externe d'existence; ils n'auraient aucune raison suffisante pour exister : il faut ou nier qu'il existe aucun être, ou avouer qu'il y a quelque être existant par sa propre nature.

Dans l'hypothèse de tous les êtres contingens, il ne s'en trouvera aucun qui les détermine à exister : si donc il n'y a pas un être nécessaire, rien n'existera.

On ne peut pas davantage admettre la nécessité de tous les êtres; car nous admettons et nous ne pouvons pas ne pas admettre la contingence de nous-mêmes et de tous les phénomènes qui frappent nos regards.

Donc il faut admettre une cause supérieure qui soit à elle-même son principe d'existence, et la cause première de tous les êtres contingens.

La notion de cause absolue, nécessaire, une et universelle, ne nous est donnée ni par la déduction ni par l'induction ; elle est fournie par la raison, à l'occasion de la cause non-moi, et cette notion est légitimée par l'absurdité des hypothèses contraires.

Il y a plus :

La notion de l'infini, de l'absolu, prouve invinciblement l'existence d'un être infini, nécessaire, absolu ; car d'où viendrait-elle à notre intelligence, si l'objet de cette notion n'existait pas?

L'idée de Dieu est de toutes les preuves de l'existence de Dieu la plus irrécusable ; car si l'infini n'existait pas, et qu'il fut conçu par notre intelligence, il en serait alors le produit, et il faudrait dire que l'infini est le produit du fini, l'absolu du relatif, le nécessaire du contingent.

Voltaire a dit :

« Si Dieu n'existait pas il faudrait l'inventer. » On dira avec non moins de raison : si Dieu n'existait pas on ne pourrait pas l'inventer. — Donc Dieu existe.

Preuves physiques.

«Dieu (1) dans l'ordre physique, c'est le créateur de la matière, le premier moteur et l'ordonnateur du mouvement ; de là trois argumens fondés sur l'existence de la matière, le mouvement de la matière et la régularité de ce mouvement.

1° La matière existe, et elle tient son existence, ou de sa propre nature, ou de sa propre volonté, ou de la volonté d'un autre être.

Or elle n'existe pas par sa nature, elle n'est pas nécessaire ; car nous pouvons l'anéantir par la pensée : tout en elle est variable et contingent. Elle n'existe

---

(1) Ce qui suit jusqu'à la page 172, est emprunté presque textuellement au Traité de M. *Cuvillier-Fleury*, que nous avons déjà cité.

pas non plus par sa propre volonté; car pour vouloir il faut exister: on ne peut pas supposer sans contradiction qu'un être soit à lui-même cause de son existence.

Donc la matière a un créateur. Ce créateur je l'appelle Dieu : donc Dieu existe.

2° Le mouvement existe; et il est ou essentiel à la matière, ou il relève d'un autre principe.

Or, le mouvement n'est pas essentiel à la matière; car nous pouvons la concevoir en repos. Il y a dans tous les corps une force d'inertie, une indifférence naturelle au repos et au mouvement, qui consiste en ce qu'un corps en repos y demeure jusqu'à ce qu'on lui imprime le mouvement; et à ce qu'un corps qui a reçu une impulsion, continue de se mouvoir jusqu'à ce qu'il soit arrêté par un obstacle étranger. Si le mouvement était essentiel à la matière, s'il existait en elle nécessairement, il serait invariable dans sa direction et dans sa vitesse; on ne pourrait pas le détourner, l'accélérer, le retarder ou même l'arrêter entièrement : c'est pourtant ce que l'expérience nous montre à chaque instant.

Le mouvement a donc un premier auteur; il a son principe dans une volonté libre et toute puissante : donc Dieu existe.

3° Il y a entre toutes les parties de ce vaste univers, un ordre et une harmonie que nous ne pouvons nous empêcher d'admirer : le cours réglé des astres, le retour successif des saisons, la végétation des plantes, la continuelle reproduction des différentes espèces d'êtres animés qui peuplent la terre; la multiplicité, l'immense variété des rapports constants et déterminés que nous apercevons entre les choses; tout dans le merveilleux ouvrage du monde atteste un artisan suprême; partout où l'ordre se trouve il y a une intelligence qui le produit; partout où nous voyons des phénomènes réguliers, partout où nous reconnaissons des moyens choisis pour arriver à une fin, il nous faut reconnaître que cette fin a été marquée, que ces moyens ont été choisis par une intelligence : le principe de causalité nous y contraint.

Voltaire, dans son déisme indifférent, a dit avec esprit :

> L'univers m'embarrasse et je ne puis songer
> Que cette horloge existe et n'ait point d'horloger.

Il y a donc une intelligence suprême qui a combiné ainsi toutes les parties et tous les ressorts de la machine de l'univers. C'est cette intelligence que nous nommons Dieu : donc Dieu existe.

Preuves morales.

Les argumens moraux se déduisent :

1° Du besoin et du penchant irrésistible qui nous porte à invoquer dans le malheur et à appeler à notre secours un être bon, juste et fort, arbitre souverain de nos destinées, capable de nous préserver des revers qui nous menacent, ou de nous donner la force de les supporter : c'est encore cette même voix de la conscience qui nous dit de rendre grâce à Dieu toutes les fois que nos désirs s'accomplissent et que nos espérances se réalisent.

2° Du consentement unanime des peuples.

En effet, les traditions, les annales et les monumens de tous les âges, de tous les pays, constatent que partout et toujours on a cru à l'existence d'un

Être Suprême. Dieu a un nom dans toutes les langues; partout on lui rend un culte, partout il y a des cérémonies religieuses : *Nulla est gens*, a dit Cicéron, *tam immansueta, tam fera, quæ etsi ignoret qualem deum habere debeat, tamen habendum non sciat.* »

Les peuples qui ont perdu cette croyance ont cessé d'être; ces abominables nations ont été rayées du livre de vie, et la terre même n'a pas conservé la trace de leur puissance.

On ne sait en quel lieu florissait Babylone.

Il ne serait pas raisonnable de ne pas prendre en considération cette dernière preuve; car ce consentement n'est pas un fait accidentel. Si tous les hommes ont cru partout à l'existence de Dieu, c'est que partout les mêmes lumières ont produit les mêmes opinions.

L'objection banale de l'éducation, de l'intérêt des législateurs n'a pas la moindre valeur, comme nous l'avons vu plus haut en remontant à la source du devoir. D'ailleurs cette objection se réfute d'elle-même : si l'idée de Dieu est une invention humaine et qu'elle soit nécessaire au maintien de la société, elle n'est pas moins nécessaire à son établissement. Ainsi d'une part la société ne serait pas sans Dieu, ni Dieu sans la société. Il y a là un cercle vicieux évident. Nous aurions le droit de demander à ces profonds penseurs de quelle année date la création de Dieu par le fait de la volonté humaine. Mais leurs contradictions nous donnent trop beau jeu pour que nous descendions à ces chicanes. L'athéisme n'est pas seulement une profonde immoralité, c'est une monstrueuse niaiserie; et l'on ne saurait trop prendre en pitié et dégoût ceux qui donnent de pareilles doctrines comme le suprême effort de la raison humaine.

On a souvent demandé s'il y avait des athées sincères : nous pensons que l'on peut arriver à l'athéisme par l'abus de la logique et par la perversité du cœur, et que l'on peut s'affermir de bonne foi dans cette opinion. Si tous les athées étaient inconséquens comme Helvétius, et qu'ils laissassent subsister dans leur âme l'amour de la vérité et le désintéressement après en avoir banni le principe, la société n'aurait qu'à gémir de ces aberrations de nobles intelligences. Mais il n'en va pas ainsi : la plupart des athées sont de rigoureux logiciens ; ils mettent leur conduite à l'unisson de leurs principes ; ils sont la peste des états ; comme ils ne reconnaissent ni droit, ni justice, ni loi, ils se servent de tout indifféremment pour arriver aux fins de leur cupidité ; la foi des sermens, la pudeur publique, la fidélité aux principes, ils se jouent de tout cela, et les exemples qu'ils donnent se répandent autour d'eux comme une funeste contagion ; tout se dénature sous leur perverse influence, les mots perdent leur véritable sens, la confusion s'introduit dans les idées et passe dans les actes, la loi descend de son trône pour faire place à la violence, et les sociétés, sous une vaine écorce de civilisation, recèlent dans leurs entrailles une barbarie réelle, premier symptôme de la destruction qui les menace. Telle était la société romaine sous les empereurs, et c'en était fait de l'humanité, si la force matérielle des barbares et la parole sainte du christianisme n'avaient pas rendu l'âme et le sang à ce cadavre exténué par l'athéisme. Sommes-nous sur le même penchant? on serait tenté de le croire, au bruit que font de nos jours les intérêts matériels, au rang qu'ils prennent avec assurance au-dessus de tout ce qu'il y a de plus sacré, aux ricanemens sataniques que soulèvent les plus nobles mots, les plus grandes pensées. Mais s'il en est ainsi tout cela ne saurait durer; lorsque l'humanité croit qu'elle échappe à Dieu et qu'elle se rit de ces liens qu'elle pense avoir brisés, Dieu sait comment la ramener à lui, il a ses fléaux qu'il envoie pour en avoir justice, et au besoin de nouveaux barbares et une nouvelle parole lui feraient raison de l'abandon et de la révolte de l'humanité.

Toutes les preuves de l'existence de Dieu tirent leur force de l'idée de substance et de cause infinie. Si l'infini n'était pas conçu par l'intelligence, la vue de l'ordre de la nature, du mouvement des corps, les pressentimens et les espérances de notre âme et le consentement de tous les peuples, ne seraient que des inductions puissantes qui rattacheraient notre intelligence et l'univers à une cause supérieure; mais cette cause n'aurait point le caractère de nécessité absolue qu'elle tire de la notion de l'infini, notion sublime qui réunit l'homme et la nature sous la main d'un Etre Suprême, et qui jette un jour merveilleux sur les rapports qui les unissent.

XXXVI.

Des principaux attributs de Dieu; de la divine Providence, et du plan de l'univers.

L'essence de Dieu, c'est la cause infinie; tous ses attributs découlent de son essence.

Nous avons vu que l'infini était donné par la raison à l'occasion du fini, non comme conséquence, mais comme intuition immédiate. L'intelligence en possession de cette notion, en tire tout ce qu'elle contient par voie de déduction rigoureuse. Il n'est pas besoin de dire que la cause infinie est unique, la pluralité et l'infini étant contradictoires.

La cause infinie étant donnée, l'intelligence découvre dans la compréhension de cette idée tous les attributs de la cause suprême.

Tous les attributs de Dieu auront l'infini de son essence, car on ne voit pas ce qui pourrait les limiter; il suffit que la cause infinie se montre à nous comme puissante et comme intelligente, pour que nous affirmions que sa puissance et son intelligence sont infinies.

Or, la cause première en tant que cause est puissante : donc sa puissance est infinie. Elle est intelligente, puisque l'exercice de la puissance suppose la volonté de produire ; donc son intelligence est infinie. Elle est libre au même titre, et par conséquent sa liberté est infinie.

Une cause toute puissante et toute intelligente, ne saurait-être mauvaise ; donc elle est bonne, donc sa bonté est infinie.

Une cause infiniment intelligente ne peut être bornée ni dans l'espace ni dans le temps : donc elle s'étend à l'immensité et à l'éternité ; donc elle connaît tout ce qui fut, tout ce qui est et tout ce qui sera ; donc elle a une science et une prescience infinie.

C'est ici que se place l'importante question de la prescience divine dans son rapport avec la liberté humaine : peut-on concilier ces deux faits et faut-il les admettre sans les concilier ?

Les athées et les fatalistes se tirent facilement, du moins en apparence, de cette difficulté ; les uns, en niant Dieu, se trouvent débarrassés de sa prescience, l'accessoire disparaissant avec le principal. Les fatalistes, en sacrifiant la liberté humaine, n'ont pas à s'inquiéter de la prescience divine. Au reste, ces deux systèmes se rapprochent par plus d'un point ; car si Dieu n'existe pas, c'est-à-dire s'il n'y a ni vérité ni loi, la pensée humaine est asservie aux sens, et elle perd, avec le lien qui l'unit à Dieu, la liberté qui lui soumet la nature ; et si la liberté n'existe pas, malgré le témoignage de la conscience, l'homme est le jouet d'une force brutale ou tout au moins d'une intelligence trompeuse, ce qui est contradictoire à l'idée de cause infinie. Ainsi, les uns détruisent la liberté en croyant ne détruire que Dieu, et les autres nient Dieu implicitement en pensant ne sacrifier que la liberté. Le fatalisme est donc au bout de l'athéisme, comme l'athéisme au bout du fatalisme. Laissons là ces absurdes doctrines.

Les théologiens admettent absolument la prescience et la liberté, et ils les concilient à l'aide des considérations suivantes : Dieu est infini dans le temps ; donc son existence n'est pas successive, mais simultanée; donc on ne peut dire qu'il prévoit, mais seulement qu'il voit; et s'il voit nos actes, c'est parce que nous les faisons, et nous ne les faisons pas, parce qu'il les voit; car, voir c'est être témoin et non principe d'action ; donc la prescience de Dieu ne porte pas atteinte à la liberté humaine.

D'ailleurs, pour ceux qui ne reconnaîtraient pas la solidité de ce raisonnement, il reste toujours démontré, d'un côté, par l'idée de Dieu, que la prescience est un de ses attributs, et de l'autre, par la conscience, que la liberté est un privilége de l'âme humaine. Ils doivent donc admettre cette double vérité et la tenir pour certaine, lors même que la faiblesse de leur raison ne leur permet pas d'en apercevoir le lien. C'est peut-être là le parti le plus sage, car l'argumentation qui précède n'est pas fort concluante ; en effet, Dieu n'est pas seulement le témoin de la vie de l'univers, il en est aussi le principe, et bien qu'il ne vive pas dans le temps, il nous a créés dans le temps. La succession des faits est quelque chose de réel, à moins que nous ne soyons dupes d'une incurable illusion; ce qui mettrait en péril la véracité de Dieu en sauvant sa prescience.

Nous pensons que le problème peut se résoudre, si l'on veut faire attention à la nature et aux limites de la liberté humaine. Nous ne croyons pas que cette liberté soit absolue pour l'homme et moins encore pour l'humanité : l'homme reçoit de Dieu des impulsions qui le dirigent dans la vie, et l'humanité marche sous l'œil de la providence dans des voies qu'elle ne connaît qu'imparfaitement, et vers un but qui ne sera connu que lorsqu'elle y sera arrivée.

Les individus, comme les nations, peuvent manquer à leur vocation sans que les instrumens manquent à l'accomplissement de l'œuvre de la Providence; il importe peu à cette œuvre que tel ouvrier se refuse à sa tâche, que telle nation repousse les avances que Dieu semble lui faire. Le sceptre passe d'Israël à Juda, de la Perse à la Macédoine, de la Grèce à l'Italie; qu'importe à la Providence : elle met le sceptre aux mains du plus digne, en jetant un regard de dédain à ceux qui le laissent; mais son œuvre se poursuit, et lorsqu'elle sera achevée, chacun recevra le prix de son travail ou le châtiment de sa désobéissance. Dieu, en créant l'homme libre, et en soumettant l'accomplissement de ses vues au libre arbitre des nations, a dû borner sa prescience sur tous les points qu'il abandonnait à cette souveraineté, dont la puissance lui revient toujours, puisqu'elle est l'œuvre de sa volonté. Nous ne savons pas quel est le plan de la Providence : nous le soupçonnons à peine ; mais nous comprenons qu'elle a pu, dans sa sagesse, créer une force intelligente à l'image de la sienne, et lui laisser une sphère d'activité dont elle aurait posé les limites. Elle a tracé à l'humanité un cadre dont elle ne sort pas; elle lui a assigné une tâche générale qu'elle accomplit sans la connaître, et à laquelle elle travaille avec la somme de liberté qui était nécessaire à sa moralité et à sa dignité. Elle est instrument et cause tout ensemble : ce qu'elle fait comme instrument ne lui appartient pas, ce qu'elle fait comme cause lui sera imputé. Outre son mouvement propre, elle a un mouvement emprunté qui l'emporte à son insu et qu'elle ne maîtrise pas : il suffit à l'homme et à l'humanité de savoir que, dans le cercle qui leur a été tracé, ils doivent obéir à la voix de Dieu qui parle dans la conscience, et qu'il y a crime toutes les fois qu'il y a désobéissance.

XXXVII.

Examen des objections tirées du mal physique.

On entend par mal physique, la douleur, les maladies et la mort, les substances vénéneuses, les animaux de proie, les tempêtes, les volcans, enfin tout ce qui trouble et détruit l'organisation humaine.

La présence du mal physique sur la terre semble accuser ou la puissance ou la bonté de Dieu. S'il l'a permis pouvant l'empêcher, c'est une force méchante et envieuse; s'il a voulu l'empêcher sans le pouvoir, sa puissance n'est pas infinie : il semble que Dieu se trouve pris par ce dilemme.

Remarquons d'abord que le mal physique n'est pas absolu; il ne serait tel que si l'homme était le point central et le but de la création : c'est là une illusion de l'orgueil. L'homme a sa place dans l'univers, mais l'univers n'est pas fait à son intention, l'humanité n'est qu'une fonction de la vie universelle; pour apprécier le mal d'une manière absolue, il ne faudrait connaître rien moins que le secret du créateur : or, nous ne savons pas quelle est la part de l'homme dans le jeu de toutes les forces de la nature. Il y a dans le monde moral comme dans le monde physique un triple mouvement : le mouvement libre, qui est l'action de l'humanité sur elle-même ; le mouvement providentiel, que l'humanité accomplit nécessairement sinon aveuglément, et qui se rattache à un mouvement plus général dont Dieu seul possède le secret : c'est ainsi que la terre tourne sur elle-même, pendant qu'un autre mouvement l'emporte autour du soleil immobile pour nous, quoiqu'il obéisse à un mouvement déterminé par la place qu'il occupe dans l'immense dynamisme de l'univers. De même que ce mouvement nous est inconnu, nous ignorons absolument le système général auquel l'humanité concourt par la tâche qu'elle accomplit. L'ignorance invincible où nous sommes sur ce point, limite la sphère de nos jugemens, et nous avertit de ne pas accuser la volonté suprême que nous ne pouvons pas connaître.

Il suffit pour justifier le mal physique, de faire voir son utilité par rapport à l'homme, et de montrer qu'il peut le frapper sans injustice.

Si l'homme était insensible à la douleur, il ne serait pas averti de l'action des forces qui pourraient détruire son organisation : la douleur lui a été donnée dans l'intérêt de sa conservation ; en l'avertissant du danger, elle le met en demeure de le repousser. Les maladies qui résultent, pour la plupart, des excès des sens, sont la sanction de la loi qui défend l'intempérance ; quant à la mort physique, elle n'est que le retour des molécules organiques à la terre qui les a fournies. Si la terre donnait toujours sans jamais rappeler à elle ce qu'elle a cédé de sa substance, elle finirait par s'épuiser. La terre a bien aussi le droit de vivre, et elle nous le fait sentir cruellement lorsqu'elle demande sa pâture par la voie de la peste : ce sont là des nécessités physiques dont nous ne sommes pas juges, parce que nous n'avons pas le secret de l'ensemble ; nos jugemens en cette matière sont téméraires et erronés, parce que nous procédons de nous à l'ensemble, au lieu de prendre la marche opposée (1). Nous n'entendons pas faire ici l'éloge des poisons, des animaux de proie, des tempêtes ni des volcans ; mais nous voyons que l'homme peut en tirer des leçons de prudence et trouver dans la lutte qu'il est obligé de soutenir l'occasion de développer sa force. Qu'on imagine ce que serait l'homme sans le mal physique ; quelle molle insouciance, quels débordemens, quelle aveugle confiance en lui-même : s'il a déja tant d'orgueil, tout chétif, tout maladif, tout impuissant qu'il est, que serait-ce s'il n'avait rien pour le rappeler au sentiment de sa misère et de son infériorité, pour lui commander la prudence et la continence ? Ce que nous voyons du mal physique dans son rapport avec l'homme, et nous ne le connaissons pas autrement, suffit pour nous montrer son utilité, et nous faire comprendre qu'il peut avoir sa place dans un système général ordonné par l'intelligence suprême. Nous ne pouvons donc prendre pied sur le mal pour accuser Dieu ; nous pourrions seulement nous plaindre que Dieu n'ait pas ordonné le monde par rapport à nous, ou qu'il ne nous y ait pas donné une place meilleure ;

(1) Informatio sensûs semper est ex analogiâ hominis, non ex analogiâ universi. BACON, *nov. arg.*

mais ce sont là des vœux chimériques qui accusent notre orgueil ou notre ignorance.

Sors tua mortalis ; non est mortale quod optas.

Le mal est donc utile, et de plus il n'est pas injuste, puisque Dieu pouvait faire à l'homme la condition qui convenait à ses desseins, et le placer sur l'échelle des êtres au rang qu'il lui plaisait de lui assigner. Dieu seul peut dire, tel est notre bon plaisir, et l'homme doit s'y soumettre sans murmurer, car il n'y a pas contre Dieu de vertueuse insurrection.

XXXVIII.

Examen des objections tirées du mal moral.

On donne le nom de mal moral aux infirmités et aux fautes de l'âme. On accuse Dieu de nous avoir créés tels que nous sommes, c'est-à-dire avec un esprit enclin à l'erreur, et avec des penchans qui nous portent à enfreindre la loi morale ; et comme les faux jugemens enfantent les mauvaises actions, et que les mauvaises actions, soient qu'elles aient pour principe l'erreur ou la passion, appellent le malheur et des châtimens dans cette vie et dans la vie future, la créature demande à l'auteur suprême compte de ses desseins, et l'accuse de l'avoir fait naître pour la livrer au malheur. Le dilemme que nous avons présenté à l'occasion du mal physique, se reproduit pour le mal moral ; on peut y faire la même réponse, et le défendre en outre par les considérations qui suivent.

Le mal moral, considéré comme l'imperfection de

la nature humaine, n'est pas une objection sérieuse; la perfection réside en Dieu seul. Toute créature étant nécessairement finie ne peut être absolument parfaite; sa perfection relative consiste dans le rapport de la fin qu'elle doit atteindre avec les moyens dont elle est douée. La nature humaine ne serait donc imparfaite dans le sens de la perfection relative, que si elle ne pouvait pas atteindre sa fin dernière. Si l'homme, étant né pour le bien, était incapable de le connaître et de l'accomplir, la Providence serait en défaut. Mais il n'en est pas ainsi, puisque par le bon usage de ses facultés il peut accomplir le bien pour lequel il est né.

Le péché, c'est-à-dire la désobéissance à la loi de Dieu, est la chute de l'homme. Les traditions religieuses font remonter cette infraction au premier homme, et il y a grande vraisemblance que dès le début de l'humanité, l'homme a dû faire un mauvais usage de sa liberté. Nous n'avons pas le droit de reprocher à la Providence le don de la liberté : ce don était la condition de notre dignité et de notre moralité; se plaindre de l'avoir reçue, c'est envier la condition des animaux et celle des forces aveugles qui accomplissent leur tâche sans conscience d'elles-mêmes et sans mérite. Nous ne sommes pas juges de Dieu, parce que nous ne connaissons pas l'ensemble des conseils de sa providence; nous ignorons absolument le rapport de l'œuvre de l'humanité avec l'œuvre universelle, nous savons seulement que si l'homme n'est pas né pour lui-même, non plus que les nations, l'humanité vers laquelle tendent l'individu et les nations, tend elle-même à quelque chose de plus général, en un mot, qu'elle n'est pas sa fin dernière; elle n'est qu'une note dans un immense concert dont l'accord parfait nous échappe. Nous ne pouvons donc pas dire que le mal moral soit un mal absolument; relativement, c'est un mal, mais il est notre ouvrage; il devait être possible pour que notre obéissance fût méritoire, notre désobéissance en a fait une réalité. Il n'y avait de nécessaire dans l'ordre de Dieu que la possibilité du péché : accuser cette possibilité, c'est accuser la liberté; et pour accuser la liberté, nous sommes obligés de reporter à Dieu le mauvais usage que nous en faisons, et de déclarer que cette puissance ne pouvait pas avoir sa place dans un système général ordonné par un être souverainement bon et souverainement puissant; mais pour prononcer sur ce point, il faudrait connaître l'ensemble de la création et sa fin dernière, que notre intelligence ne peut saisir.

L'optimisme de Leibnitz, qui consiste à dire que tout est pour le mieux dans l'humanité, ne considère pas l'humanité en elle-même, mais dans son rapport avec un ordre supérieur. Le philosophe allemand part de l'idée de Dieu qui est l'infinie perfection, et il affirme sans hésiter que toutes les œuvres de Dieu sont ordonnées le mieux possible pour arriver à leur fin; mais il ne dit pas que l'humanité soit absolument parfaite, et que si elle avait occupé une autre place dans l'ordre universel, la condition de ceux qui la composent n'aurait pas pu être meilleure ni même qu'elle ne puisse s'améliorer un jour. Voltaire qui a tourné ce système en ridicule dans son Candide, l'a réfuté sans le comprendre; il a pris l'homme pour point de départ, et il a jugé Dieu sous le point de vue humain, tandis que Leibnitz, parti de Dieu, jugeait l'humanité sous le point de vue divin. L'humanité considérée en elle-même dans ses folies, dans ses crimes, dans ses misères, dans ses injustices est incompréhensible, et cette vue exclusive conduit naturellement à la négation de tout ordre, et, par voie de conséquence rigoureuse, à la négation de Dieu lui-même : en prenant la marche opposée, tout s'éclaircit pour l'homme religieux. Si l'on veut comprendre l'humanité, il faut faire pour elle ce que Galilée a fait pour la terre ; au lieu de la placer au centre de l'univers, il faut la réduire au rôle de planète dans le monde moral. Au reste, Voltaire n'était pas complètement dans l'erreur en accusant l'état social, il y avait dans son âme un fonds réel de philanthropie, et si son indignation prit la forme du sarcasme, c'est qu'elle se modela sur son esprit ; mais sa vie entière l'atteste, il concevait pour l'humanité une destinée meilleure ; et s'il lui montre sa condition sous un aspect si triste, ce n'est pas pour la désespérer, mais pour la pousser, par la raillerie, dans la voie du progrès.

XXXIX.

Destinée de l'homme. — Preuves de l'immortalité de l'âme.

Destinée de l'homme.

Tous les êtres, par le seul fait de leur existence dans un système ordonné par une intelligence suprême, ont une fin ou une destinée ; celle de l'homme nous est manifestée par sa nature. L'homme est une force libre et intelligente ; par son intelligence il connaît le bien, et il peut l'accomplir par la liberté ; la fin de l'homme est donc l'accomplissement de sa loi.

L'homme a une double tendance, celle de la passion, qui est fatale ; et celle de l'intelligence, qui est libre. Par la passion, l'homme est porté invinciblement vers le bonheur ; par l'intelligence ou par les idées, l'homme est porté à chercher le bonheur dans telle ou telle voie, selon l'idée qu'il s'est faite du bien et du mal : la lutte de ces deux tendances établit le combat dans lequel triomphe ou succombe la liberté humaine.

Si l'homme obéissait aveuglément à l'instinct de la passion, il cesserait d'être libre, et si la passion ne donnait pas l'élan à ses facultés, il cesserait d'être actif. L'intelligence doit diriger et dirige en effet le mouvement de la passion ; la force sympathique de l'âme se porte vers tel ou tel objet, suivant l'impulsion qu'elle reçoit de la force intelligente. Si donc nous plaçons l'idée du bien dans les plaisirs des sens, toutes les affections de l'âme se porteront de ce côté ; si au contraire nous plaçons le bien dans l'accomplissement du devoir, l'intelligence dirigera dans ce sens toutes les forces de l'âme.

Si l'on confondait l'idée de bonheur et l'idée de vertu, et que l'on poursuivît le bonheur en vue de la vérité, on se ferait une fausse idée du devoir ; et bien que l'intention fût moralement bonne, la pratique serait vicieuse, si par exemple on plaçait le bonheur dans la sastisfaction des sens ou dans le triomphe de l'intérêt personnel. L'idée de vertu serait fausse, parce que la notion du devoir se serait portée sur un objet étranger au devoir : le devoir impose obligation, et, comme nous l'avons vu, le plaisir et l'intérêt n'obligent point. La loi morale n'est donc pas là, elle est dans le développement de la force humaine, dans la triple direction de l'intelligence, de la volonté et de la sensibilité, et dans le sacrifice de l'homme à Dieu.

En plaçant la règle du devoir dans la raison et non dans la passion ou dans l'intérêt, Dieu nous a établis sur un terrain solide ; car s'il fallait suivre la passion, elle nous entraînerait dans mille directions diverses sans qu'il nous fût permis de la combattre ; et si l'intérêt était la loi de nos actions, nous ne pourrions jamais nous déterminer qu'après de longs calculs dont le résultat serait le plus souvent trompeur, puisque des circonstances imprévues dérangent souvent les combinaisons les plus raisonnables. Le devoir au contraire se montre clairement à la raison, et lorsque l'on consulte la conscience dans le silence des passions et de l'intérêt, la voix intérieure parle sans obscurité, et lorsqu'on obéit à ses oracles, il n'y a jamais ni regret ni remords à la suite des actions qu'elle a commandées.

Le bonheur est le prix de l'accomplissement de la loi, puisqu'il est dans l'ordre que toute force qui agit selon sa nature soit heureuse. Mais l'âme ne doit pas tendre directement au bonheur ; elle doit aimer le bien par amour du bien et non en vue directe du bonheur qu'il promet : cela est si vrai que l'intention ainsi dirigée enlève à l'action son mérite. Si vous faites le bien non pas en vue du bien, et si vous obéissez à Dieu non pas en vue de Dieu, mais en vue de la récompense qui vous attend, l'acte n'est plus qu'un calcul vulgaire et non une action vertueuse. Sans doute ceux qui font le bien en vue du bien reçoivent la récompense de la vertu, qui est le bonheur ; mais le bonheur ne leur est dû qu'autant qu'ils n'y ont pas concentré toutes leurs pensées. Si le bonheur était le but légitime de la volonté, nous y arriverions toujours en y visant directement : or, c'est précisément le contraire qui arrive ; car lorsque nous faisons une action extérieurement bonne, si nous nous proposons pour but le plaisir qu'elle doit amener, le plaisir nous manque ; ainsi lorsque nous faisons l'aumône, si nous la faisons à l'intention d'en jouir, le plaisir qu'elle nous procurera sera à peine sensible ; tandis que si nous avons en vue l'accomplissement de la loi morale, qui ordonne de soulager la misère, nous recevons en vertu de la droiture de notre intention la satisfaction intérieure, qui est le juste prix de la vertu. Si le mobile de notre action était notre intérêt propre, le but est manqué ; ainsi le bonheur est si loin d'être le but direct de la vertu, que lorsqu'on y tend directement il n'y a ni vertu ni bonheur : ce fait qui se produit constamment, nous montre que nous devons faire le bien en vue du bien lui-même, et non en vue du bonheur qui en est la sanction morale.

Sans doute si le bonheur n'était pas au bout de la vertu, la force manquerait à l'homme pour être vertueux, et c'est là le vice du stoïcisme, qui, en isolant la vertu de la récompense, a placé le devoir dans une région inaccessible à l'homme. L'épicurisme, en tombant dans l'excès opposé, a calomnié la nature humaine : non, la volupté n'est point le but des actions humaines, elle ne les légitime point ; mais l'espérance du bonheur doit soutenir et fortifier l'amour de la vertu : c'est là ce que le christianisme a merveilleusement mis en lumière, et c'est à ce titre que la raison reconnaît dans l'Evangile le flambeau de l'humanité.

La destinée de l'homme est donc d'arriver au bonheur par la vertu : si la récompense accompagnait constamment la vertu, et si elle ne lui manquait quelquefois, du moins en ce monde, il n'y aurait plus d'ordre moral, puisque la vertu serait un calcul ; et il n'y aurait pas lieu d'espérer une récompense à venir, puisque nous aurions recueilli le prix de la course à chaque point de la carrière. « Supposez que chaque action vertueuse soit payée par quelque avantage temporel, l'acte n'ayant plus rien de surnaturel ne pourrait plus mériter une récompense de ce genre ; supposez, d'un autre côté, qu'en vertu d'une loi divine, la main d'un voleur doive tomber au moment où il commet un vol, on s'abstiendra de voler comme on s'abstiendrait de porter la main sous la hache d'un boucher : l'ordre moral disparaîtrait entièrement. Pour accorder cet ordre avec les lois de la justice, il fallait que la plus grande masse de bonheur, même temporel, appartînt non pas à l'homme vertueux, mais à la vertu, sans que l'individu fût jamais sûr de rien : imaginez toute autre hypothèse, elle vous mènera directement à la destruction de l'ordre moral ou à la création d'un autre monde (1). »

Preuves de l'immortalité de l'âme.

Si la vertu trouvait une récompense constamment proportionnée au mérite, et le vice un châtiment égal au crime ; il n'y aurait aucun fondement solide à la croyance d'une vie ultérieure. Mais il n'en va pas ainsi : l'histoire du monde nous prouve en plusieurs points le triomphe du crime et l'oppression de la vertu. La sanction de la loi morale n'est pas constante, car le remords qui punit intérieurement le vice, et le supplice qui le châtie extérieurement, n'atteignent pas toujours le coupable. Par la perversité du cœur on échappe plus ou moins au remords, et par la prudence on met souvent en défaut la justice humaine. L'habitude de la vertu émousse aussi la satisfaction morale, et l'injustice des hommes dénature les intentions vertueuses et poursuit souvent la vertu comme le crime. Si la loi morale n'avait pas d'autre sanction, il arriverait, contre toute justice, que plus on serait criminel moins on serait puni, et qu'on serait moins récompensé plus on serait vertueux.

La psychologie nous a montré l'âme humaine comme une substance simple, indépendante du corps et ne partageant pas nécessairement sa destinée mortelle. Pendant que le corps fait retour à la terre en perdant la force qui donne le mouvement aux organes, l'âme, qui est une force distincte, n'est pas entraînée dans la chute du corps, elle peut retourner à la vie universelle dont elle émane, ou conserver

(1) DE MAISTRE, *Soirées de St.-Pétersbourg.*

son existence personnelle. L'immatérialité de l'âme prouve la possibilité et non la nécessité d'une vie future ; en vertu de son unité l'âme est immortelle en tant que substance et non comme personne, la durée de l'identité personnelle est possible à ce titre et non nécessaire.

Le désir d'un bonheur infini, naturel au cœur de l'homme, conduit par une induction puissante à l'espérance de l'immortalité ; puisque ce désir a été placé dans nos cœurs par l'auteur même de notre être, il doit trouver quelque part satisfaction ; mais ce n'est là qu'une induction, car Dieu pourrait nous avoir donné ce désir dans une autre intention ; comme, par exemple, pour nous pousser à des destinées nouvelles par le mécontentement de notre position actuelle. Ce désir pourrait n'avoir qu'un but humain, sans que nous fussions en droit d'accuser la Providence ; car si l'on veut analyser ce sentiment, on verra qu'il ne contient pas autre chose que la pensée d'une destinée meilleure ; or la destinée de l'homme s'améliore sur la terre en vertu de ce mouvement naturel des esprits, et il pourrait se faire que nous eussions transporté, par une illusion du jugement, à la vie ultérieure de l'individu, ce qui ne regardait que la vie ultérieure de l'espèce : ce n'est donc pas là un argument rigoureux.

Le seul gage véritable de l'immortalité ou plutôt de la durée ultérieure de l'âme, c'est la justice divine ; la raison nous dit clairement qu'un être souverainement juste doit rétribuer chacun suivant ses œuvres; or cette rétribution n'est pas équitable sur la terre; donc il y a au-delà de cette vie réparation des iniquités de celle-ci. La vie de la personne humaine ne se termine donc pas à la tombe, elle persévère dans une autre condition, et l'âme reçoit dans cette vie ultérieure le juste prix de ses œuvres, à moins que la Providence ne la soumette encore à de nouvelles épreuves, jusqu'à ce qu'il lui plaise de régler avec elle les comptes de sa justice.

La philosophie ne va pas au-delà de cette conclusion, elle donne à l'homme l'assurance d'une vie ultérieure ; la religion le prend à ce point et elle lui ouvre un avenir d'éternité. Ce serait entreprendre sur la théologie que de pousser plus loin nos recherches ; il nous suffit d'avoir prouvé que la morale aura sa sanction dans une vie future : il ne nous appartient pas de décider si cette vie sera égale à l'éternité.

XL.

Morale religieuse, ou devoirs envers Dieu.

Nous avons dit que les devoirs étaient déterminés par les rapports ; il faut donc examiner les rapports de l'homme et de Dieu, pour établir quels sont les devoirs de l'homme envers Dieu.

Dieu est le créateur de l'homme : c'est par Dieu que l'homme arrive à la vie, et qu'il est doué de toutes les facultés par lesquelles il se met en communication avec lui-même, avec ses semblables, avec la nature, et avec Dieu lui-même.

L'homme n'a qu'à jeter un regard sur lui-même et autour de lui, pour reconnaître tout ce qu'il doit à l'auteur de son être. L'intelligence et la liberté ont fait de l'homme le roi de la nature, le chef-d'œuvre de la création terrestre. Par le bon usage de ses facultés, usage qui dépend de son libre arbitre, il arrive à la connaissance de Dieu, il domine sur tous les animaux, il asservit la nature elle-même. Créé à l'image de Dieu, par la puissance de son intelligence, il façonne à son image, il fait tourner à son service toutes les forces de la nature; par la philosophie, par la poésie, par l'industrie, il intervient en maître dans le monde de l'intelligence, de l'imagination et de la matière. Il n'y a pas de limites qu'il ne puisse franchir et reculer; ses progrès dans la science et dans les arts sont indéfinis, et lorsque les conquêtes de la pensée l'ont conduit à une certaine hauteur, cette élévation n'est pour lui qu'un point de départ vers des régions supérieures. Ce rôle si noble, et la force qui l'en rend capable, l'homme ne les a pas reçus de lui-même; il les tient de l'auteur de la nature; la vie n'est pas seulement un don, mais un bienfait. Laissons les malheureux qui se sont égarés sur la pente des passions, et qui ont fait un indigne usage de leurs nobles facultés, accuser l'auteur de l'univers de leurs désordres : ces reproches sont des blasphèmes. L'homme a sur la terre la plus belle part entre toutes les créatures; il doit en reporter l'hommage à celui dont il l'a reçue.

Dieu est donc, par rapport à l'homme, une force supérieure et bienfaisante; l'homme doit donc se soumettre à son autorité, et reconnaître ses bienfaits par son amour : cette soumission et cet amour constituent la religion, qui est la société de l'homme avec Dieu, comme la société est l'union de l'homme avec ses semblables. La religion rattache l'homme à Dieu, la terre au ciel ; elle est comme cette double échelle de la vision de Jacob, par laquelle les anges du Seigneur descendent pour apporter aux hommes les ordres de Dieu, et remontent pour porter au ciel les prières et les vœux de la terre. La religion donne le mot de l'énigme de la vie, elle éclaire la marche de l'homme dans les ténèbres du monde, elle lui enseigne son origine, sa voie et son but. Sans l'idée de Dieu, et sans l'affection qui nous reporte vers lui, la terre n'est plus qu'un séjour maudit où triomphent toutes les mauvaises passions. L'humanité détachée de Dieu par l'athéisme, marcherait dans le désordre à la destruction.

Les sentimens religieux, c'est-à-dire la soumission aux ordres de Dieu, et l'amour que nous lui rendons, en retour de ses bienfaits, composent l'adoration ou le culte intérieur ; mais ces sentimens de l'âme doivent avoir une expression qui les manifeste. Il est impossible que le cœur soit ému sans que l'émotion se porte au dehors par des signes sensibles ; ces signes, qui sont l'expression du fait intérieur, constituent le culte extérieur : là, comme ailleurs, le fond emporte la forme. De même que la pensée est poussée hors de l'intelligence par la parole; de même le sentiment religieux se produit par le culte extérieur. Condamner l'amour de Dieu à demeurer dans le sanctuaire de l'âme, c'est aller contre toutes les lois de la nature. Ce qui est, se manifeste nécessairement, et ceux qui élèvent le culte intérieur aux dépens du culte extérieur, et qui ne voient qu'hypocrisie ou vaines pratiques dans l'expression des sentimens religieux, ceux-là ignorent absolument la puissance de l'amour et la loi de son développement.

Le culte extérieur est au sentiment religieux ce que la parole est à la pensée ; il le fortifie en l'exprimant. Le culte extérieur agit sur le sentiment de plusieurs manières ; il le fixe en lui donnant, pour ainsi dire, un corps, et il le redouble en le réfléchissant. S'il est vrai que le Jupiter de Phidias ajoutait à la religion des peuples, pense-t-on que les pompes religieuses du christianisme n'aient pas favorisé le développement des croyances qu'elles manifestaient ? Entrons par la pensée dans l'une de ces prodigieuses basiliques que le moyen âge a élevées à la gloire de Dieu ; représentons-nous la foule agenouillée aux pieds des autels et mêlant à la voix sublime de l'orgue éclatant comme un tonnerre, ces pieux cantiques qui, dans leur langue obscure, sont comme les notes d'une musique mystérieuse et sacrée, et demandons-nous si cette puissante expression du sentiment ne le redoublait pas dans le cœur des fidèles ? Pour nous, quelle que soit la froideur de nos âmes, il ne nous est pas donné de pénétrer sous les voûtes d'une cathédrale gothique, de lever les yeux vers les vitraux resserrés par des ogives, et projetant dans l'enceinte une lueur éclatante et sombre, sans nous élever à Dieu, et sentir qu'il y a au-dessus de nous une puissance supérieure que nous ne pouvons pas braver impunément.

Le culte extérieur ne vaut que par le culte intérieur. Il arrive souvent aux esprits faibles de prendre la forme pour le fond, et de mettre toute leur foi dans des pratiques et des formalités ; il arrive aussi que la fourberie se couvre des apparences de la religion pour arriver à des fins criminelles. Mais la superstition et l'hypocrisie ne peuvent pas prévaloir contre les avantages du culte extérieur, lorsqu'il est vivifié par l'esprit religieux ; on ne doit pas, sous le prétexte que la religion n'est qu'une forme pour les uns, et un masque pour les autres, proscrire l'expression du sentiment religieux : il faudrait, en vertu du même principe, supprimer la parole, parce qu'elle sert à quelques-uns pour voiler des non-sens, ou pour déguiser la vérité. « C'est être superstitieux, dit Pascal, que de mettre son espérance dans les formalités et dans les cérémonies ; mais c'est être superbe de ne pas vouloir s'y soumettre. »

HISTOIRE DE LA PHILOSOPHIE.

XLI.

Quelle méthode faut-il appliquer à l'étude de l'Histoire de la Philosophie.

« L'histoire de la philosophie ne crée pas les systèmes philosophiques, elle les constate et les explique ; sa tâche est de n'oublier aucun des grands systèmes que l'esprits humain a produits, et de les comprendre en les rapportant à leur principe ; savoir : l'esprit humain, cet esprit que chacun de nous porte tout entier en lui-même, que chacun de nous peut donc étudier et consulter en lui-même, afin de le comprendre dans les autres, de comprendre tout ce qu'il y a produit, et tout ce qu'il peut y produire (1). » Ceci posé, c'est-à-dire que l'histoire de la philosophie est celle de l'esprit humain, il est clair que pour s'orienter dans cette histoire, il faut débuter par la connaissance de l'esprit humain, en constater les élémens, et déterminer la marche qu'il a dû suivre en vertu de sa nature. Si l'on entreprenait l'histoire de la philosophie, sans savoir ce que c'est que la philosophie, sans avoir déterminé le nombre de systèmes qu'elle a pu et qu'elle a dû produire, l'exposé des opinions dont elle se compose n'aurait aucun lien; ce serait un véritable chaos, une confusion que rien ne pourrait éclairer. Il faut donc entrer dans ce labyrinthe avec un flambeau et un fil conducteur : ce flambeau, c'est l'analyse de l'esprit humain qui doit nous le donner. Quand nous saurons comment la pensée humaine se développe, dans quelles directions elle s'aventure, et que nous aurons rattaché à un point fixe chacune de ces directions, toutes les opinions viendront se classer d'elles-mêmes dans les cadres que nous aurons préparés.

En traçant cet itinéraire de l'esprit humain, nous prenons pour guide M. Cousin, dont on ne saurait trop méditer les profondes et brillantes leçons sur l'histoire de la philosophie.

L'esprit de l'homme débute par la religion, par la foi. Dieu est la première conception de l'homme; cette conception s'empare de son intelligence et la remplit tout entière. Comment, en effet, en présence de la nature si grande, si majestueuse et si ter-

(1) Cousin, *Cours de l'Histoire de la Philosophie*, 1829, tom. I, pag. 170.

rible, ne pas sentir sa faiblesse, et ne pas s'appuyer sur la force qui a tout créé : aussi au début l'homme s'absorbe dans la nature. Dieu est tout, tout est Dieu ; l'homme ne se sépare point de lui, il y tient, comme l'arbre tient à la terre qui l'engendre et le nourrit. A cette époque, la foi religieuse se prend à tout, et toutes les merveilles de la création lui servent d'aliment.

Le premier pas de l'esprit humain remis de sa première extase, est l'examen de cette force qu'il a adorée spontanément ; la théologie naît de ce premier mouvement ; progrès ou chute, c'est le premier exercice de la pensée humaine ; la foi en est le fond, mais l'activité de l'esprit en est le moyen : c'est un premier degré d'émancipation.

Mais dans ce premier exercice l'esprit prend possession de lui-même et sent son indépendance ; l'explication et l'examen des vérités saisies spontanément, refroidit la foi en fortifiant la pensée ; la réflexion se détache de son objet et s'établit comme force distincte.

Dès-lors la philosophie se produit, la philosophie qui n'est que le retour de l'esprit humain sur la nature et sur lui-même.

On comprend que la philosophie doit d'abord être très-générale : elle aspire à sa naissance à comprendre l'univers ; elle débute comme elle doit finir ; mais elle commence sans appui, sans analyse : ses explications seront donc incomplètes, mensongères, hypothétiques.

Les premiers philosophes, en vertu même de leur ignorance, devront aborder l'explication du système du monde. Ils referont l'œuvre de la religion et de la théologie à côté et du sein de laquelle ils s'élèvent.

De l'étude de la nature, l'esprit humain passe à l'étude de lui-même.

Ici commence la véritable philosophie qui prend l'homme pour point de départ, et qui de l'homme s'élève aux principes de la société et de l'auteur de toutes choses.

L'esprit humain, dans son développement naturel, doit procéder selon certaines lois régulières, et engendrer des systèmes qui se produiront dans un ordre constant.

En effet, la conscience contient divers phénomènes; mais elle ne les revèle pas tous avec une même clarté.

Les idées sensibles qui habitent, pour ainsi parler, le seuil de l'âme, frapperont d'abord l'attention; de là naîtra un système de philosophie sensualiste.

Mais l'âme contient en outre des notions que les sens ne donnent pas : l'idée d'unité, de temps, d'espace, d'infini, de nécessité, rien de cela ne se donne par les sens. Il y a donc autre chose, ce sont les idées intellectuelles : ce point de vue différent donne naissance au spiritualisme.

Le sensualisme et le spiritualisme, points de vue exclusifs de la pensée, se dénaturent en se développant; comme ils ne contiennent pas toute la vérité, et que cependant ils prétendent la contenir, tous les pas qu'ils font sont autant de déviations : voisins de la vérité, à leur origine, ils s'en écartent davantage, à mesure qu'ils marchent.

Ainsi, le sensualisme engendre le matérialisme et l'athéisme.

Le spiritualisme, de son côté, par une conséquence forcée, conduit à l'idéalisme ou à la négation de la matière et du monde.

Ainsi, le premier système nie l'esprit et Dieu; le second niera la matière et la nature elle-même.

A cet état de nudité révoltante, et d'erreur palpable, ces systèmes, que désavoue le bon sens, contre lesquels la raison humaine proteste de toutes ses forces, tombent en discrédit et ruinent la philosophie, sans toutefois tuer l'esprit philosophique.

Le scepticisme se présente alors, et combat facilement les systèmes qu'il trouve en présence. Sage à son début, comme tout ce qui commence, il triomphe en prouvant que la vérité n'est point telle que la font ses adversaires; mais il poursuit : car comment s'arrêter dans la raison? et il enveloppe la vérité dans la proscription des faux systèmes.

On ne la tient pas; donc on ne peut la trouver; donc elle n'est pas.

L'esprit humain, qui n'a pu se reposer dans le spiritualisme, ni dans le sensualisme, s'arrêtera encore moins dans le nihilisme; car, ne rien croire, ce serait périr.

Il remonte donc à une source nouvelle, à celle d'où dérivent ses premières connaissances : la spontanéité. Il veut atteindre la vérité, non plus en lui : tant d'essais malheureux l'ont découragé, mais en elle-même. Comme Dieu s'est révélé quelquefois et qu'il n'a jamais trompé, il s'adresse à lui, il entre ou prétend se mettre avec lui en communication directe. De là le mysticisme qui a aussi sa part de vérité, puisqu'il existe.

Le mysticisme dégénère bientôt et plus tôt que tous les autres systèmes; il enfante presque à sa naissance, l'extase et la magie, source de crimes et de folies.

Voilà la marche de l'esprit humain, voilà les écueils contre lesquels il s'est brisé et contre lesquels il devait se briser.

Toutefois, pendant que les esprits exclusifs s'égareront ainsi, en cherchant à ramener à une seule origine toutes les notions de l'intelligence, il se fera de temps en temps des tentatives de conciliation; on essaiera de mettre d'accord les systèmes opposés, choisissant dans chacun d'entre eux les principes que la raison avoue, et qu'on tentera de coordonner dans un système plus général : les système conçus dans cet esprit de fusion, sont des systèmes éclectiques.

En abordant l'histoire de la philosophie, nous sommes donc assurés, si nous avons bien indiqué la marche nécessaire de l'esprit humain, de retrouver dans les diverses doctrines, sous des formes diverses en apparence, le sensualisme, le spiritualisme, le scepticisme et le mysticisme.

Dans l'exposition historique de ces systèmes, on peut suivre deux méthodes, ou prendre chacun d'eux isolément, et en suivre les diverses phases depuis son origine jusqu'à nos jours, et composer ainsi autant d'histoires particulières qu'il y a de systèmes; ou les exposer simultanément dans une époque donnée, c'est-à-dire pendant toute la durée d'un certain mouvement philosophique. Il nous semble plus naturel de suivre cette dernière méthode, parce que tous les systèmes qui se développent parallèlement ou successivement dans un certain intervalle de temps, ont entre eux des rapports de génération et de contradiction qui ne permettent pas de les considérer dans un isolement absolu. Nous diviserons donc l'histoire de la philosophie en un certain nombre d'époques, et le tableau de chacune de ces époques contiendra l'exposé ou l'énumération de tous les systèmes qui s'y sont produits.

XLII.

En combien d'époques générales peut-on diviser l'Histoire de la Philosophie.

Les époques historiques ont leur raison dans les grands événemens qui changent la face du monde. L'histoire, proprement dite, est le récit des faits; l'histoire de la philosophie, dans sa plus haute acception, est l'histoire des idées qui sont devenues sensibles par les faits. Car bien que les philosophes se placent au-dessus et en avant de leur siècle, ils en subissent cependant l'influence, et les systèmes qu'ils enfantent ont leurs racines dans les idées qui dominent parmi leurs contemporains. Ainsi, de même que dans l'histoire des faits on établit des époques, c'est-à-dire des points de repos qui semblent arrêter le cours des événemens et détacher du passé ceux qui rempliront l'avenir ; de même, dans l'histoire de la philosophie, l'historien s'arrêtera toutes les fois que l'avènement d'une idée nouvelle, ou qu'un mouvement d'idée ayant son caractère propre et une grande influence sur l'avenir de la pensée, marquera une importante révolution dans le monde des intelligences.

La philosophie commence au moment où la solution des grands problèmes de la vie abandonnée à l'inspiration dans les premiers âges du monde, entre dans le domaine de la réflexion. La théologie relève de Dieu, par voie d'inspiration ou de révélation ; la philosophie relève de l'esprit humain : c'est l'homme essayant d'embrasser par la réflexion, par les seules forces de la pensée indépendante, Dieu, la nature et lui-même.

La première tentative de ce genre, en laissant de côté tout ce qu'avait entrepris l'orient, se manifeste à nous par les noms de Thalès et de Pythagore ; ces deux puissans génies ouvrent la voie et tracent la route du spiritualisme et du sensualisme dont ils sont les premiers représentans ; le mouvement qu'ils impriment à la pensée se continue sans interruption pendant près de deux cents ans. Tous les philosophes qui remplissent cette période, marchent sur leurs traces et suivent l'impulsion qu'ils ont donnée. Les contradictions de ces écoles amenèrent le scepticisme des sophistes, qui mettait en péril toutes les croyances nécessaires à la vie morale et intellectuelle de l'homme. Le bon sens revendiqua ses droits par la voix de Socrate, et cette protestation ramena la pensée dans les voies qu'elle avait quittées : ce fut une révolution.

Il est donc naturel de placer Socrate à la tête d'une époque, et de rattacher à l'impulsion qu'il a donnée, les mouvemens ultérieurs de la philosophie. Ce mouvement, commencé à Athènes quatre cents ans avant J. C., ne s'arrête que six cents ans après l'ère chrétienne à Alexandrie, par le triomphe d'une théologie nouvelle qui asservit toutes les intelligences, en imposant d'autorité la solution de tous les problèmes que la philosophie avait remués pendant le cours de dix siècles. Cette seconde époque peut se subdiviser, mais on n'y trouve pas dans le cours de la pensée, de solution de continuité, ni de retour assez important pour en faire un point de repos, une véritable époque historique. Toutes les écoles qui remplissent cet immense intervalle, se rattachent à Platon et à Aristote, principaux disciples de Socrate qui sont dans cette période, ce que Thalès et Pythagore avaient été dans le grand mouvement philosophique interrompu et repris par Socrate.

Les efforts de la pensée humaine sous les entraves de la théologie, ont un caractère spécial qui sépare l'époque où ils se produisirent des temps antérieurs et de ceux qui suivirent, lorsque la pensée eut reconquis son indépendance et subordonné la théologie a la philosophie. Le règne de la scolastique forme donc une époque distincte : ce sera pour nous une troisième époque de l'histoire de la philosophie. Quoique pendant le cours du quinzième et du seizième siècles, il y ait eu une sorte de renaissance philosophique analogue à celle des beaux arts et de la poésie, comme ce mouvement n'est qu'un contre-coup de la philosophie grecque, une sorte d'imitation classique, nous signalons seulement ces efforts comme un progrès d'émancipation philosophique, sans cependant les détacher absolument de l'époque scolastique.

Bacon et Descartes, qui reproduisent au commencement du dix-septième siècle le double mouvement qui signala le début de la philosophie sous Thalès et Pythagore, et sa rénovation sous Aristote et Platon, seront les premiers représentans de la quatrième époque philosophique. Le mouvement qu'ils ont imprimé se continue jusqu'à nos jours, et tous les philosophes qui se sont produits dans le cours du dix-septième et du dix-huitième siècles, se rattachent à l'un ou à l'autre de ces deux philosophes ; Bacon relève de Thalès et même d'Aristote, malgré le mépris qu'il professe pour ce dernier dont il ne connaissait guère les ouvrages que par la funeste influence que leur avaient donnée les commentaires des Arabes et le faux esprit de la scolastique ; Descartes se rattache de même à Pythagore et à Platon, et, comme ces deux philosophes, il est le chef naturel de toutes les écoles qui ont subordonné le monde des sens au monde des idées, et la nature à Dieu.

XLIII.

Faire connaître les principales écoles de la Philosophie grecque avant Socrate.

La première époque de la philosophie grecque

ouverte par Thalès et par Pythagore, se partage entre les deux grandes écoles dont ils furent les chefs : 1° la secte ionienne, fondée par Thalès et renouvelée par Anaxagore; 2° celle d'Italie, fondée par Pythagore, d'où découlent l'école d'Elée, celle d'Héraclite, celle d'Epicure : les sophistes vinrent ensuite, et formèrent la première école de scepticisme.

École d'Ionie.

Thalès de Milet, né 640 ans avant J.-C., jeta les premiers fondemens de la philosophie. Il essaya de substituer un système de physique aux anciennes cosmogonies poétiques et mythologiques ; il voulut expliquer la nature par la nature ; il ne chercha que le principe des choses et non le principe de l'existence des choses, et il le chercha dans l'ordre des objets matériels et sensibles ; dès-lors il ne put expliquer l'univers que par la conversion successive d'un élément en une foule d'autres substances. L'eau fut l'élément auquel il se crut, par l'analogie, autorisé à attribuer ce privilége : une école fondée sous ces auspices devait être physique et sensualiste.

Anaximandre, concitoyen et disciple de Thalès, prit pour principe des choses un fluide qui tenait le milieu entre l'eau, l'air et le feu, et qui participait de tous trois : ce fluide était l'infini dont tout découle et auquel tout revient, seul immuable au milieu de tous les changemens dont il est la source et la substance.

Anaximène, disciple d'Anaximandre, admit comme lui l'infini; mais penseur moins profond, il lui attribua un caractère plus matériel : l'air fut pour lui cet infini ; l'air était Dieu, et l'âme du monde une substance aérienne : lorsque l'air est fort rare, il s'élève à la plus haute région, et produit le feu; moins rare, il est plus bas et forme les nuages ; en se condensant encore, il donne l'eau et enfin la terre.

Hermotyme de Clasomène, ville d'Ionie, a le premier médité sur le principe pensant ; il a reconnu l'empire de l'âme et le pouvoir qu'elle possède de s'élever au-dessus des choses sensibles : il semble avoir préparé la voie à Anaxagore.

Ce philosophe, qui était de Clasomène, transporta l'école d'Anaximène à Athènes, et peut être considéré comme le fondateur d'une nouvelle école ionienne : c'est à lui que commence la vraie physique. Il observe la nature, il en analyse les phénomènes, et nous étonne par ses découvertes et par celles qu'il a soupçonnées, depuis la pesanteur de l'air jusqu'aux pierres tombées. Les Ioniens n'avaient cherché le principe des choses que dans la matière dont les choses sont formées. Anaxagore admet une cause première qui imprime le mouvement à la matière ; il conçoit dans toute sa pureté l'idée de l'intelligence. La beauté de l'univers le conduit à la pensée de l'être des êtres, et cette conception sublime le fait accuser d'athéisme. Il réfléchit sur les facultés de l'être pensant ; examine ce qui sépare l'homme de l'animal ; étudie les lois et l'influence du langage; s'élève le premier contre le préjugé par lequel nous transportons aux corps nos sensations qui ne sont que nos manières d'être, et cette belle remarque le fait passer pour sceptique.

Anaxagore eut pour successeurs deux de ses disciples, Diogène d'Apollonie, qui suivit ses traces sans avoir son génie, et Archélaüs de Milet, qui, mêlant ses idées à celle d'Anaximène, les dénatura et les abaissa. L'école d'Ionie finit avec cet Archélaüs qui fut le maître de Socrate.

L'école ionienne, qui avait pris le monde physique pour point de départ, s'attacha spécialement à la certitude des sens : c'est pour cela que les historiens lui ont donné le nom de première école sensualiste.

École d'Italie.

Pythagore, né à Samos, environ six cents ans avant J.-C., est le fondateur de la secte Italique. Après avoir passé sa jeunesse à Samos, dans la conversation des prêtres, il voyagea en Asie, où il vit Thalès et Anaximandre ; de là, il se rendit à Sidon et en Egypte, où il fut initié aux mystères de la science des prêtres. Il retourna à Samos, où il établit une école qui fut peu fréquentée, et parcourut ensuite la Grèce, s'arrêtant partout où il y avait un foyer de science et de religion. Il transporta son école dans la Grande-Grèce, dans le midi de l'Italie, et se fixa à Crotone ; il rétablit la liberté dans les villes, détruisit le luxe, réforma les mœurs, et exerça sur ses auditeurs une si grande influence, que plusieurs tyrans, touchés de ses paroles, renoncèrent à la tyrannie.

Ce philosophe plaçait dans les nombres le principe des choses; très-versé dans les mathématiques, il avait remarqué que les vérités de cette science sont étroitement unies entre elles, et peuvent être des principes de connaissances et de classifications. Jetant ensuite les yeux sur le monde sensible, il observa que tous les objets sont soumis à la double condition du nombre et de l'étendue, et peuvent être appréciés numériquement; que l'espace et le temps qui embrassent les révolutions du corps, sont également du ressort du calcul; il aperçut que les vérités mathématiques peuvent introduire à la connaissance des choses réelles, et servir à les classer et à en fixer les rapports. On voit ici le premier essor de cette métaphysique, qui fait sortir les principes des choses des seules combinaisons rationnelles. Pythagore ordonna le système planétaire sur l'échelle musicale, parce que les tons de la voix ne sont que des nombres sonores : la lyre à sept cordes, et les rapports des sons qu'elle produit, servirent à déterminer le rapport des sept planètes qui correspondaient à chacune des cordes de la lyre. Le rapport des nombres devint donc non-seulement la clef du système musical et du système planétaire, mais celle de la physique particulière et de la morale : tout devint proportion et harmonie; le temps, la justice, l'amitié, l'intelligence ne furent que des rapports de nombre.

Pythagore admettait un Dieu unique, éthéré, qui avait tout créé par sa seule pensée; car créer pour Dieu, c'est penser et vouloir. Il disait que ce dieu avait créé d'autres dieux immortels; au-dessous d'eux, il admettait des génies ou démons bienfaisans et lumineux qui habitaient les différens astres; l'âme humaine était de la même nature, mais dans une condition inférieure; les animaux et les plantes relevaient des mêmes principes: l'homme pouvait s'abaisser ou s'élever sur cette échelle des êtres, qui donnait un champ indéfini à la métempsycose.

On cite parmi les disciples de Pythagore, Empédocle, poète, orateur et médecin, qui florissait 444 ans avant J.-C., et qui rétablit la liberté dans Agrigente sa patrie : ce puissant génie essaya de concilier tous les systèmes, et fut le précurseur de l'éclectisme ; Epicharme, plus célèbre comme inventeur de la comédie; Ocellus de Lucanie, dont il nous reste un traité sur l'univers, où il s'efforce de prouver l'éternité du monde; Timée de Locres, auteur d'un traité de la nature et de l'âme du monde; Architas de Tarente, qu'on regarde comme le premier auteur des catégories d'Aristote; Philolaüs de Crotone, qui vendit à Platon les livres de Pythagore. Ce philosophe porta les notions pythagoriciennes à un plus haut degré d'abstraction, en substituant le fini et l'infini, au pair et à l'impair, et les simples proportions aux nombres proprement dits : c'est à lui qu'on attribue les vers dorés.

Nous plaçons à la suite de ces philosophes, Héraclite d'Ephèse, contemporain de l'école d'Elée : Socrate en faisait le plus grand cas; ses idées ont de la grandeur et de la portée; sa philosophie commença par le doute; il se dépouilla de toutes ses opinions pour en refaire de nouvelles : il fut en cela le précurseur de Descartes, qui prit le même parti, sans savoir qu'il avait été devancé par Héraclite. Ce philosophe trouvait dans l'univers une harmonie parfaite et des lois constantes; le feu était pour lui, non le principe des choses, mais celui des révolutions; il avança que nos sensations sont en nous-mêmes et non dans les objets, et qu'elles varient selon la disposition de nos organes; que les sens ne peuvent donner aucune connaissance certaine, mais l'entendement général ou le sens commun : ce sens commun est la raison divine qui se répand dans tous les êtres; mais c'est par les sens que nous aspirons cette raison divine.

La secte Italique s'attachant exclusivement à quelques-uns des élémens intellectuels, que nous rapportons aujourd'hui à la raison intuitive, et auxquels Platon assigna plus tard le nom d'idées, les historiens de la philosophie ont donné à l'école de Pythagore le nom d'école Idéaliste.

Ecole d'Élée.

Xénophane, chef de la secte éléatique, naquit à Colophon, 550 ans avant J. C., et vécut cent années.

Il fut banni pour avoir dit dans un poëme, qu'il est absurde de penser avec Homère et Hésiode, que les dieux naissent et meurent. Il se retira en Sicile, où il fut réduit à chanter ses vers au peuple.

Sa secte fut nommée Eléatique, parce qu'elle dut sa célébrité à Parménide, Zénon et Leucippe, tous trois d'Élée, ville fondée en Italie par les Phocéens, lorsqu'ils abandonnèrent leur patrie pour se soustraire à la domination des Grecs.

Xénophane ne regarda plus le monde matériel

comme évident, mais seulement comme vraisemblable. Le dissentiment des hommes sur les qualités des objets sensibles, les changemens de forme que subissent à nos yeux les corps selon la distance qui nous en sépare, en un mot toutes les erreurs que l'on attribue aux sens, sont le principe de cette réaction contre l'évidence physique : cette nouveauté caractérise l'esprit philosophique de la secte d'Élée. Zénon, par la pente naturelle qui pousse les disciples à outrer les erreurs du maître, nie tout-à-fait l'existence du monde des sens : son scepticisme sur ce point devint dogmatique.

Parménide mit dans tout son jour l'opposition des sens et de la raison, et il condamna les sens par la raison. « Les sens, dit-il, n'offrent que des apparences des impressions, la raison s'appuie sur des déductions, et prononce sur la vérité et la réalité des choses. Tout ce que l'entendement conçoit est quelque chose, et ce qui n'est rien ne peut être conçu; » d'où Parménide conclut, avec des formes de raisonnement assez rigoureuses, que tout est immuable, et qu'il n'y a qu'une substance unique et immense.

Zénon et Parménide, logiciens subtils, et sceptiques par rapport au monde sensible, sont les précurseurs des sophistes.

L'école éléatique se divise en deux branches, la secte métaphysique, dont nous venons de nommer les principaux représentans, et la secte des physiciens, illustrée par Leucippe et Démocrite.

Leucippe essaya de réconcilier les sens et la raison, et voici comment il s'y prit. Il distingua les composés des élémens qui les forment ; ces élémens sont simples, indivisibles, leur nombre est infini : voilà la raison satisfaite. Les combinaisons de ces élémens varient sans cesse, et opèrent la génération et la dissolution des corps : ce qui justifie les sens. Leucippe, au lieu d'un seul être, en admettait une infinité qu'il appelait atomes ; il avançait que les différentes combinaisons de ces atomes, suffisaient pour former les corps qui sont dans l'univers et l'univers lui-même.

Démocrite, successeur de Leucippe, a développé le système de son maître. La notion abstraite de la matière lui servit de type pour la définition qu'il donne des atomes, et il leur attribue des propriétés plus simples. Il prétendit prouver leur existence éternelle, à l'aide de ce principe, *rien ne se fait de rien*, et crut résoudre le problème de l'origine des choses, en supposant que les temps n'ont pas commencé. On ne peut, dit-il, demander la raison pour laquelle les choses sont, parce qu'elles n'ont point commencé d'être ; on ne peut que demander la raison qui nous autorise à juger de leur existence. Selon Démocrite, les seuls objets réels, les atomes invisibles à nos sens, agissent sur l'entendement, et lui transmettent des images voltigeantes qui servent à les retracer dans l'esprit; car *le semblable seul peut agir sur le semblable :* cette connaissance transmise à l'entendement par les atomes, nous instruit seule de la vérité.

Le plus célèbre des disciples de Démocrite fut Métrodore de Chios, qui prétendait douter de son doute : ce qui implique contradiction, puisque l'expression du doute même dubitatif est une affirmation.

Le système entier des éléatiques physiciens n'est qu'une suite des idées de Pythagore, considérées d'une manière plus matérielle. Dans les deux systèmes, l'unité ou la monade est le principe des choses; tout en dérive par des lois de combinaison : ces deux systèmes sont l'un à l'autre ce que la géométrie est à la mécanique.

Les sophistes proprement dits naquirent du conflit de ces différentes sectes.

Le premier qui se présente est Gorgias, qui vivait 417 ans avant J. C.; il avait été envoyé à Athènes par les Léontins ses compatriotes, pour demander des secours contre les Syracusains. Il étonna toute la Grèce assemblée aux jeux Olympiques; il monta sur le théâtre d'Athènes et s'offrit à parler sur toutes les matières : son éloquence eut un succès prodigieux. Il servit de modèle à Isocrate qui fut plus sage que lui.

Zénon avait armé la raison contre les sens, Gorgias arma la raison contre elle-même, et chercha à prouver : 1° qu'il n'existe rien de réel; 2° que lors-même qu'il existerait quelque chose de réel, nous ne pourrions le connaître; 3° que lors-même que nous aurions quelque connaissance, nous ne pourrions la transmettre aux autres à cause de l'incertitude attachée aux mots. Ces trois maximes servent de texte aux trois divisions de son livre sur la nature.

Protagoras fit consister l'entendement dans la faculté de sentir, et appliquant à ce principe ce que les éléatiques ont dit de la mobilité des choses sensibles, il arrive, avec des expressions différentes, aux mêmes résultats que Gorgias. « Chaque homme, dit-il, est la mesure et le juge de toutes choses; il n'y a de vrai et de réel que ce qu'il se représente. Cette réalité et cette vérité varient selon les individus ; ainsi tout est relatif, tout est dans un flux et reflux perpétuel ; chacun affirme à bon droit les choses les plus contradictoires, et toute proposition est opposée à une proposition contradictoire, également fondée sur la nature. »

Ainsi l'école d'Ionie avait admis la certitude des sens, et l'école Italique celle de la raison ; les sophistes rejetèrent l'une et l'autre, et n'accordèrent de foi qu'à la conscience qu'ils firent la mesure et l'arbitre de la vérité. Arrivée à ce point la philosophie périssait avec l'entendement lui-même, et le temps était venu de replacer la certitude sur sa triple base : cette tâche fut celle que Socrate s'imposa.

La période philosophique, dont nous venons de tracer l'histoire, est riche en systèmes et en noms illustres. Les immenses travaux des philosophes qui la remplissent ne nous sont guère connus que par la tradition ; mais elle suffit pour nous faire voir que dans cette courte période de deux siècles, toutes les solutions exclusives ont été tentées, à l'exception du mysticisme qui ne pouvait pas naître au sein de la civilisation payenne. L'union intime de l'âme humaine et de l'âme divine ne pouvait être conçue qu'après la venue du christianisme. Toutefois cette époque si imparfaitement connue a laissé dans l'histoire une trace si brillante que Bacon a pu, avec quelque vraisemblance, considérer les travaux ultérieurs de la philosophie comme une décadence. Voici comme il s'exprime : « *Antiquiores illi ex Græcis Empedocles, Anaxagoras, Leucippus, Democritus, Parmenides, Heraclitus, Xenophanes, Philolaüs, reliqui (nam Pythagoram ut superstitiosum omitti-*

mus) *majore silentio et severius et simplicius, ad inquisitionem veritatis se contulerunt. Itaque et melius, ut arbitramur, se gesserunt, nisi quod opera illorum à levioribus istis qui vulgari captui et affectui magis respondent ac placent, tractu temporis exstincta sint : tempore (ut fluvio) leviora ac magis inflata ad nos devehente, graviora et solida mergente.* » Bacon jugeait Aristote et Platon par leurs continuateurs, et il leur reportait à tort la responsabilité du désordre que la fausse méthode des scolastiques avait introduit dans toutes les sciences. Cependant l'autorité de son témoignage, en faveur des premiers philosophes de la Grèce, doit être d'un grand poids, et augmenter la vénération que nous inspirent, tout délabrés qu'ils sont, les premiers monumens de la sagesse antique.

XLIV.

Faire connaître Socrate, et le caractère de la révolution philosophique dont il est l'auteur.

« La philosophie grecque avait d'abord été une philosophie de la nature ; arrivée à sa maturité, elle change de caractère et de direction, et elle devient une philosophie morale, sociale, humaine ; ce qui ne veut pas dire qu'elle n'a que l'homme pour objet : loin de là, elle tend, comme elle le doit toujours, à la connaissance du système universel des choses ; mais elle y tend en partant d'un point fixe, la connaissance de la nature humaine. C'est Socrate qui ouvre cette nouvelle ère, et qui en représente le caractère en sa personne : j'ajoute qu'il ne représente que ce caractère général. Socrate, comme on l'a dit, a fait descendre la philosophie du ciel sur la terre, en ce sens qu'il l'a détournée des hypothèses physiques et astronomiques, matérialistes et idéalistes de l'école Ionienne et de l'école Italienne, et qu'il l'a ramenée à l'étude de la pensée humaine, non pas comme borne, mais comme point de départ de toute saine philosophie. Le γνῶθι σεαυτόν, qui n'avait été jusque là qu'un sage précepte, devint une méthode philosophique. C'est assez pour la gloire de Socrate d'avoir mis dans le monde une méthode, et d'en avoir fait quelques applications heureuses à la morale et à la théodicée (1). » Le caractère de la révolution philosophique opérée par Socrate, est donc d'avoir transporté l'observation du spectacle de la nature à celui de la pensée humaine; c'est par lui que la psychologie est devenue le principal objet de la philosophie.

Nous avons vu que la philosophie expirait sous les arguties des sophistes lorsque Socrate parut. Initié par eux à toutes les subtilités de la dialectique, il tourna contre eux les armes qu'ils lui avaient données, il entreprit d'opposer le bon sens aux vaines théories de la science. Feignant d'être étranger aux matières philosophiques, il adressait à ces faux sages des questions captieuses, qui, de réponse en réponse, les amenaient à reconnaître l'ab-

---

(1) Cousin, *Cours de l'Histoire de la Philosophie*, tom. I ; pag. 261.

surdité de leur doctrine : cette méthode d'interrogation s'appelle l'ironie socratique, du mot εἰρωνεία qui signifie feinte. Socrate suivait la même méthode lorsqu'il voulait instruire ses disciples ; par des demandes habilement ménagées, il les forçait de mettre en lumière et d'analyser leurs idées ; c'est pour cela qu'il s'appelait l'accoucheur des esprits, il n'avait disait-il, d'autres fonctions que celles des sages-femmes ; il ne créait point les idées de ceux qu'il interrogeait, il les contraignait seulement à se produire.

Les idées nouvelles qu'il avança sur la divinité, et la direction antidémocratique qu'il imprimait à ses disciples, soulevèrent contre lui les préjugés religieux et politiques ; sa méthode interrogative par laquelle il mettait si habilement ses adversaires en contradiction avec eux-mêmes et avec la raison, rallia au parti religieux et politique qui avait juré sa perte, les prétendus sages dont il avait humilié l'amour-propre. Cette puissante ligue parvint à le faire condamner ; mais cet arrêt fut un nouveau triomphe pour lui, en lui donnant l'occasion de montrer la fermeté de son âme et son respect pour les lois.

Socrate n'a rien écrit ; ses doctrines ont été transmises à la postérité par Platon et par Xénophon, ses disciples.

XLV.

Faire connaître les principales Ecoles grecques, depuis Socrate jusqu'à la fin de l'école d'Alexandrie.

A dater de Socrate la philosophie se replie sur l'homme, qui est son point de départ pour arriver à la nature et à Dieu.

Socrate avait surtout entrepris de soustraire la morale au doute des sophistes ; il tourna sur ce point fondamental l'attention de ses disciples : il devait donc s'élever après lui des écoles où la morale se placerait sur le premier plan.

Ecole Cynique. — Ecole Stoïque.

Antisthène (480 ans avant J. C.) eut pour premier maître le sophiste Gorgias; mais lorsqu'il eut entendu Socrate, il ferma l'école de rhétorique qu'il avait ouverte, pour se consacrer exclusivement à l'étude de la morale. Il donna pour base aux devoirs, l'obéissance aux instigations de la nature : on pouvait asseoir bien des systèmes sur une base si large ; car il y a la nature des sens et la nature de l'intelligence, et ces natures se modifient d'après l'état social, qui dérive lui-même de la nature. Selon Antisthène, la nature, pour être satisfaite, demandait peu de chose; il travailla à se débarrasser de tous les besoins artificiels, son vêtement était un simple manteau semé de trous à travers lesquels Socrate voyait percer la vanité, et toute sa richesse consistait en une besace remplie d'alimens grossiers et une coupe pour puiser de l'eau. Ce rigorisme, si contraire aux habitudes sociales, fut encore outré par ses successeurs, qui se mirent en hostilité ouverte contre la société; poussant à l'extrême les conséquences du principe de leur maître, ils ne comprirent dans les lois de la nature que la satisfaction des besoins physiques, et ils mirent dans la pratique de leurs maximes une si grossière impudeur, qu'on leur donna le nom de Cyniques, qu'ils acceptèrent comme un éloge. Zénon (1) de Citium, dans l'île de Chypre, qu'il ne faut pas confondre avec Zénon d'Élée, né 168 ans avant lui, professa la maxime des Cyniques; mais il l'entendit au sens d'Antisthène qui subordonnait l'intérêt au devoir. Son école est celle du Portique (στόα), d'où vient le nom de Stoïques ou Stoïciens donné à ses disciples. Sa morale se résume dans la formule donnée plus tard par Epictète, ἀνέχου καὶ ἀπέχου, supporte et abstiens-toi, morale négative qui, pour devenir active, appelait un troisième mot, ἀγάπα, aime, donné par l'Évangile.

Ecole Cyrénaïque. — Ecole Épicurienne. — Ecole mégarique.

Aristippe de Cyrène en Afrique, étudia la morale de Socrate, mais il l'accommoda à ses goûts pour le plaisir et aux mœurs de son temps. Socrate avait divisé nos vertus en sagesse, tempérance, courage, justice et piété; Aristippe respecta cette division, mais il en ramena tous les élémens au plaisir ou à l'in-

(1) La fameuse maxime : *nihil est in intellectu quod non prius fuerit in sensu*, faussement attribuée à Aristote, appartient à Zénon.

térêt bien entendu. Dans ce système, la morale n'est plus qu'un calcul égoïste sans base solide, et qui varie au gré de la sensibilité; et comme le chef de cette secte vivait volontiers dans le monde des sens, le cyrénaïsme dégénéra bientôt en un sensualisme délicat ou grossier, selon la nature de ceux qui en suivaient les maximes. Épicure, qui a donné son nom à l'Épicuréisme, place le bonheur dans la volupté et la volupté dans la vertu; il substitua aux plaisirs des sens, les plaisirs plus purs et plus durables de la sensibilité intellectuelle. Épicure spiritualisa et ennoblit le sensualisme d'Aristippe; mais en laissant subsister la volupté comme principe et base du devoir, il laissa le champ libre aux interprétations. Il ne dépend pas d'un chef de secte de limiter la portée des principes; les principes ont une force propre, indépendante du vouloir de celui qui les proclame : aussi le vertueux Épicure a-t-il été, contre son gré, mais en vertu de la force des choses, le patron de tous les voluptueux. *Epicuri de grege porcus.* Si l'on veut assurer l'empire de la vertu, il ne faut pas donner prise sur elle à la sensibilité, il faut la placer dans une région inaccessible aux caprices des sens. Euclide de Mégare, qui avait passé par les mains des sophistes avant d'entendre les leçons de Socrate, demeura fidèle aux principes de ses premiers maîtres. Il continua la sophistique plutôt qu'il ne la renouvela, seulement il la perfectionna à l'école même de Socrate qui la combattait. Il eut pour disciple et pour successeur Eubulide, fameux par ses sophismes du voilé, du chauve, et du cornu, qui sont arrivés jusqu'à nous, *tempore, ut fluvio, leviora ad nos devehente, graviora mergente* (1).

L'Académie et le Lycée. — *Platon et Aristote.*

Les écoles qui précèdent, quoique nées de Socrate, sont loin de comprendre l'ensemble de la philosophie socratique; il faut arriver à Platon et à Aristote pour voir toute la portée du mouvement qu'il avait imprimé. Platon prit son point de départ dans les vérités générales de la raison, pour s'élever jusqu'à leur source même ; Aristote, parti du même point, se servit des mêmes vérités pour pénétrer dans la nature. Platon est surtout métaphysicien, et Aristote physicien. La métaphysique partie du sol, s'élève dans les régions supérieures pour mieux saisir l'ensemble des choses; la physique suit une marche opposée, elle descend dans les entrailles de la terre pour en sonder les profondeurs. Les métaphysiciens sont comme des aéronautes, qui, du haut de leur ballon, contemplent et jugent les choses d'ici-bas ; les physiciens ressemblent à des mineurs qui fouillent les entrailles de la terre ; c'est le contraste de la synthèse et de l'analyse : mais les aéronautes quittent souvent le point d'appui qui devrait diriger leur nacelle, et les mineurs, dans les profondeurs de leur souterrain, perdent souvent la lumière qui éclairerait leurs travaux : cependant l'humanité marche sur la terre ferme et à la clarté du jour, entre les voyageurs aériens et les explorateurs de la terre, mettant à

(1) Bacon.

profit leurs découvertes et leurs enseignemens quand elle peut les comprendre.

Platon et Aristote ne nièrent aucun des élémens de la pensée humaine; mais ils s'y appliquèrent diversement, selon la nature de leur génie. Platon s'attacha surtout aux données de la raison, et Aristote à celles des sens, et c'est pour cela que, bien qu'on ne trouve ni dans Platon ni dans Aristote, ni le spiritualisme ni le sensualisme absolus, leurs systèmes devaient chez leurs successeurs aboutir à ces extrémités.

Dans le système de Platon, les idées générales de la raison sont des souvenirs d'une vie antérieure. L'âme étant une parcelle détachée de la substance divine, en possède à un degré inférieur toutes les qualités, comme la molécule d'un corps organique résume toutes les qualités du composé dont elle fait partie. Le monde physique ayant été créé à l'image des types ou exemplaires divins (παραδείγματα) dont il n'est que la ressemblance (ὁμοίωμα), réveille dans l'âme le souvenir de ces paradigmes, et l'âme par sa vertu divine s'élève de nouveau jusqu'à leur objet. Ainsi l'idée dans l'intelligence humaine n'est qu'un souvenir et une conception dont l'objet est extérieur; l'âme humaine est le sujet ou la substance de la conception ou du souvenir, l'âme divine est le sujet même ou la substance de l'exemplaire qui est objectif pour la raison; c'est par-là que nous concevons la beauté, la justice et l'infini dans la mesure de notre intelligence.

Aristote ne suivit point Platon dans son vol vers le monde des intelligences, il s'occupa de l'analyse de la pensée sans la rattacher à sa source ; ses catégories si célèbres ne sont que les lois de l'intelligence, les rapports sous lesquels elle envisage les objets, savoir : la substance, la quantité, la qualité, la relation, l'action, la passion ou passivité, le lieu, le temps, la situation, la possession. Les universaux, au nombre de cinq, sont des moyens de classification ou les idées générales qui ont plus ou moins d'étendue selon leur objet ; ce sont les genres, les espèces, les différences, les propres et les accidens : on voit que ces universaux dont on a fait tant de bruit, ne sont que des produits de la faculté de généraliser que nous avons constatée en psychologie.

Aristote mit l'entendement en rapport avec le monde extérieur sensible, tandis que Platon le mit en rapport avec le monde extérieur intelligible.

De là une double direction spiritualiste et sensualiste, qui aboutit, chez les successeurs de ces philosophes, à l'idéalisme et au matérialisme qui suscitèrent un nouveau scepticisme.

Scepticisme. — Ecole Pyrrhonienne.

Pyrrhon, témoin des dissentimens de l'académie ou de l'école platonicienne, et du lycée ou école péripatéticienne, ramena le doute dans le monde philosophique. Mais plus discret que les sophistes qui le firent porter sur tous les objets de nos connaissances, il respecta les principes de la morale; et en cela il se montra fidèle à Socrate son maître. On peut croire, dit M. Garnier, que le scepticisme de Pyrrhon ne fut conçu que pour faire briller l'évidence de la morale, par le contraste de l'obscurité qu'il faisait planer sur tout le reste ; pour lui le monde extérieur n'était pas le néant mais l'inconnu.

Académie moyenne et nouvelle.

La doctrine de Platon fut suivie et développée fidèlement par Speusippe, Xénocrate, Polémon, Cratès et Crantor. Arcésilas, qui succéda à Crantor dans la direction de l'académie, développa les germes de scepticisme que recelait le système de Platon. Platon avait dit que l'entendement seul saisit la réalité des choses, qu'il n'y a pas de science de ce qui passe, et que par conséquent les sens ne sont pas le principe de la science. Arcésilas, s'appuyant sur la contradiction des idées et l'impuissance des sens, avança que tout était caché à l'homme, et qu'il était condamné à ne rien savoir : ce philosophe est le chef de l'académie qu'on appela moyenne.

Le rhéteur Carnéade ouvrit l'académie nouvelle : on sait qu'il fut envoyé à Rome, et que l'habileté avec laquelle il défendait toutes les doctrines, ne contribua pas faiblement à armer la sévérité de Caton contre les rhéteurs de la Grèce. Arcésilas avait dit qu'il n'y a rien de vrai en soi ; Carnéade professa seulement que, s'il y a des vérités, nous sommes incapables de les connaître.

Clitomaque, chef de la quatrième académie, succéda à Carnéade, et poussa le scepticisme beaucoup plus loin ; il proclama nettement l'*acatalepsie* ou l'impuissance de comprendre, comme le caractère de l'esprit humain. Bacon et Malebranche se sont élevés avec force et raison contre un système qui décourage la pensée, en affirmant d'avance la vanité de ses efforts; Bacon déclare que c'est un système d'orgueil et d'envie ; car conclure de l'inutilité de ses efforts à l'impuissance de toutes les intelligences, c'est donner son esprit comme la mesure de toute capacité, et fermer en même temps la route à des esprits plus vigoureux : *summá superbia et invidiá, suorum inventorum infirmitatem in naturæ ipsius calumniam et aliorum omnium desperationem vertentes.*

Le spiritualisme avait produit le scepticisme représenté par la nouvelle académie; le scepticisme sortit aussi du lycée sous les auspices d'Ænésidène de Crète, et se perpétua jusqu'a Sextus Empiricus de Mitylène, qui, à la fin du deuxième siècle de l'ère chrétienne, composa ses célèbres *Hypotyposes*, traité complet de scepticisme, dans lequel il combat le spiritualisme par le sensualisme, et les brise l'un contre l'autre.

Ecole d'Alexandrie.

Vers la fin des temps anciens, Alexandrie devint le centre du monde philosophique, pendant que Rome était celui du monde politique; car Rome n'eut point de philosophie proprement dite, elle imita la Grèce en philosophie comme en poésie. Cicéron y représente l'Académie, Lucrèce l'Épicuréisme et Sénèque le Portique : sa philosophie fut classique comme sa littérature. Alexandrie devint un vaste foyer qui rassembla les rayons épars de la science; tous les systèmes s'y reproduisirent et s'y développèrent. L'idée de réunir ces systèmes en un seul devait naître au milieu du choc étourdissant de toutes les opinions. Mais ce vaste éclectisme, qu'on désigne sous le nom de Néoplatonisme éclectique, qui ne devint complet que par les travaux de Proclus, s'éteignit bientôt par l'influence des idées religieuses qui préoccupaient alors toutes les têtes pensantes, pour faire place au mysticisme qui établit l'alliance de la raison humaine et de la raison divine (1). Les philosophes de cette époque, soit qu'ils deviennent chrétiens, soit qu'ils demeurent dans le judaïsme ou le paganisme, dirigent toutes leurs pensées sur la nature de Dieu et la manière dont il se manifeste aux hommes. La faculté qui nous fait connaître Dieu est appelée *intuition intérieure* par Philon d'Alexandrie, *extase* par les Cabalistes (2), *gnose* ou *connaissance secrète* par les Gnostiques, *intuition mystique* par Denys l'Aréopagite, *purification* par Plotin, *théurgie* ou *science du surnaturel* par Jamblique et *foi* par Proclus.

« Tertullien, Arnobe et Lactance regardent toute faculté humaine comme incapable de saisir les dogmes religieux, et ne font reposer les vérités que sur la tradition écrite et la révélation extérieure. Mais le néoplatonicien saint Justin, le premier des pères dans lequel on trouve le dogme de la trinité nette-

(1) Nous empruntons ce qui suit au Traité de M. Garnier, que nous avons souvent suivi dans ce qui précède.

(2) La secte de la cabale ou de la tradition orale, tradition qui, selon cette école, s'était fortement transmise chez les Juifs, et contenait la sagesse divine, enseigna que le premier Homme était le Messie, par l'entremise duquel l'univers émanait du Tout-Puissant.

ment exprimé, professe l'opinion que le λόγος ou l'intelligence divine s'est révélé aux philosophes avant son incarnation, et qu'en conséquence on peut croire à la philosophie qui sort de la même source que le christianisme. Dans le même temps Numénius d'Apamée, dit que Platon n'est autre que Moïse parlant grec ; enfin saint Clément d'Alexandrie concilie aussi avec la religion chrétienne le néoplatonisme qu'il enseignait avant d'adopter le nouveau culte. Il y a donc à cette époque des relations fort intimes entre la théologie païenne, la théologie juive et la théologie chrétienne ; mais lorsque celle-ci monte sur le trône avec Constantin, les deux autres perdent peu-à-peu faveur, et bientôt Justinien fait fermer les écoles des philosophes païens. »

La période que nous venons de parcourir est immense : elle ne contient pas moins de mille ans ; elle nous montre tous les systèmes philosophiques se développant sur une grande échelle et se perdant dans leurs conséquences extrêmes. Platon y joue le premier rôle, et lors-même que la philosophie se retire devant la théologie, sa doctrine passe dans cette science nouvelle, et s'y place à côté de la révélation comme issue d'une source commune.

XLVI.

Quels sont les principaux Philosophes scolastiques (1).

Au moyen âge, le cercle de la philosophie était

---

(1) Ce chapitre n'est guère qu'une analyse d'une des belles leçons de M. Cousin, sur l'Histoire de la Philosophie : nous ne pouvions pas prendre un meilleur guide.

tracé par la théologie ; la religion avait résolu tous les problèmes philosophiques ; elle enseignait l'origine, la voie et la fin de l'homme, elle déterminait rigoureusement les rapports de l'homme de la nature et de Dieu : dans cet état de choses, la philosophie fut ce qu'elle devait être, la servante de la théologie, *theologiæ ancilla*.

Les historiens de la philosophie ont divisé en trois époques cette longue période, qui commence avec Charlemagne à la fin du huitième siècle, et qui se termine à la réforme, au commencement du seizième. La scolastique, fondée sous les auspices du plus grand génie des temps modernes, expira sous les coups de la liberté religieuse et sous le ridicule; Luther donna le coup de massue, Erasme et Ulrich de Hutten donnèrent les coups d'épingle.

Alcuin ouvre la première époque qui produisit Scott Erigène (1), saint Anselme de Cantorbéry, Lanfranc de Pavie, Abailard et son école, et Pierre de Novarre, dit le Lombard ; tous semblent avoir pris pour devise cette phrase de Scott Erigène : « Il n'y a pas deux études, l'une de la philosophie, l'autre de la théologie ; la vraie philosophie est la vraie religion, et la vraie religion est la vraie philosophie. » Lanfranc de Pavie, au onzième siècle, perfectionna l'usage de la dialectique appliquée à la philosophie. Saint Anselme, né à Aoste en Piémont, prince et abbé du Bec en Normandie, mort archevêque de

(1) Scott Erigène, Irlandais, vécut à la cour de Charles-le-Chauve qui le protégea ; mal vu à Rome, il retourna en Angleterre, sur l'invitation d'Alfred-le-Grand, et enseigna à Oxford, où il mourut en 886.

Cantorbéry en 1109, est le métaphysicien de cette époque. Abailard est célèbre par ses succès comme professeur, et par la part qu'il prit à la querelle des réalistes et des nominaux, soulevée au onzième siècle par Rousselin, chanoine de Compiègne, la seule discussion de ces temps qui ait eu du retentissement jusqu'à nos jours. A cette époque, la dispute parut se terminer à l'avantage des réalistes; elle n'était qu'assoupie, et se réveilla deux siècles plus tard. Pierre le Lombard, professeur de théologie à Paris, mort en 1164, se distingua surtout comme dialecticien; il forma un recueil de propositions extraites des Pères de l'Eglise, devenu par la suite l'arsenal de la théologie, et dont le titre fit donner à son auteur le surnom de *Magister sententiarum*. L'influence des Arabes, établit en Espagne sur la scolastique, se fit sentir vers le milieu du dixième siècle. Gerbert, qui devint pape sous le nom de Silvestre II, après avoir étudié la philosophie d'Aristote à l'école des Arabes, l'enseigna successivement à Reims, à Aurillac, à Tours et à Sens. Les Juifs furent plus tard des espèces de courtiers philosophiques qui entretinrent ce commerce avec la philosophie des Arabes, qui ne contribua pas faiblement à subtiliser la dialectique.

La seconde époque est représentée par trois hommes supérieurs : Albert-le-Grand, saint Thomas-d'Aquin et Duns Scott. Albert, né à Lavingen en Souabe, dominicain, fut tour à tour professeur de théologie à Paris, à Ratisbonne, à Hildesheim et à Cologne; il s'occupait à la fois de théologie, de morale, de politique, de mathématiques, de physique, d'alchimie et de magie: c'était un prodige de science; il passait, de son temps, autour de Cologne, pour un magicien. Saint Thomas d'Aquin (1), surnommé l'Ange de l'école, *doctor Angelicus*, est un puissant génie. Sa Somme, *Summa Theologiæ*, est un des grands monumens de l'esprit humain au moyen âge, et comprend avec une haute métaphysique un système entier de morale et même de politique. L'anglais Duns Scott, né dans la dernière moitié du treizième siècle, était remarquable par sa science et sa dialectique; il a commenté l'ouvrage de Pierre-le-Lombard; les contemporains l'ont surnommé le *docteur subtil*: c'est à cette époque qu'il fut question de canoniser Aristote, que le concile de Paris avait proscrit en 1210.

Les débuts de la troisième époque sont marqués par les travaux de Raymond Lulle et de Roger Bacon. Raymond Lulle (2) était né à Palma, ville de Majorque; c'était un esprit exalté et subtil, *doctor illuminatus*: Raymond inventa, sous le titre d'*Art universel*, une espèce de machine dialectique, où toutes les idées de genre étaient distribuées et classées, de sorte qu'on pouvait se procurer à volonté, dans telle ou telle case; dans tel ou tel cercle, tel ou tel principe. Cet ouvrage a exercé une grande influence, et nous voyons, au dix-septième siècle, l'école de Port-Royal combattre les fausses entités qu'il avait engendrées. Roger Bacon (3), fran-

(1) Né à Aquino, près Naples, en 1225, disciple d'Albert-le-Grand.

(2) Né en 1244, mort en en 1315.

(3) Né à Ilchester en 1214, enseigna à Oxford en 1240, et mourut en 1292.

ciscain comme Raymond Lulle, reçut le surnom de *doctor mirabilis*; élève de Scott, il puisa dans les écrits et dans l'enseignement de son maître le goût de la physique, de l'optique et de l'astronomie: il fut protégé par Clement IV; mais après la mort de ce pontife, persécuté par l'autorité ecclésiastique, qu'effrayait l'indépendance de son génie, il fut enfermé dans un cachot comme sorcier pendant de longues années. Ces deux philosophes, qui appartiennent, dans l'ordre chronologique, à la seconde époque de la scolastique, sont plutôt les précurseurs que les chefs de la troisième époque. La véritable date de cette époque, est le commencement du quatorzième siècle ; elle est remplie par la querelle des nominaux et des réalistes. Rousselin avait soulevé cette question dans le cours du onzième siècle, il avait osé dire que les idées générales ne sont qu'un soufle de la voix, *flatus vocis* : Philippe de Champeaux, maître d'Abailard, avait soutenu la thèse opposée avec beaucoup de violence, et Abailard avait proposé un moyen terme qui n'avait satisfait personne. Le champ de bataille était demeuré aux réalistes ; mais au commencement du quatorzième siècle, l'anglais Jean d'Occam, scottiste et fransciscain, renouvela la lutte avec beaucoup d'éclat. Occam, esprit vigoureux et indépendant, joua un grand rôle dans les querelles du saint Siège avec l'empire et le roi de France; il prit parti pour Philippe-le-Bel et Louis de Bavière, contre les papes Boniface VIII et Jean XII ; il porta dans la philosophie l'esprit qui l'avait animé dans la politique. Le réalisme et le nominalisme représentent le spiritualisme et le sensualisme : aussi voyons-nous que l'école sensualiste du dix-huitième siècle est essentiellement nominaliste. Occam combattit le réalisme, et il ne se contenta pas d'affirmer que les idées générales n'étaient que des fictions de notre esprit, il rejeta aussi l'hypothèse des espèces ou idées intermédiaires que la scolastique avait adoptées. Il devança sur ce point l'école écossaise, comme il avait devancé Condillac dans la question des idées générales. Gabriel Biel, élève d'Occam, a exposé avec beaucoup de sagacité et de clarté la théorie de son maître. Les thomistes, sectateurs de saint Thomas, et les scottistes, de Duns Scott, attaquèrent violemment la doctrine d'Occam, sous le rapport théologique et philosophique : la lutte fut soutenue des deux côtés avec beaucoup d'habileté ou de passion. Cette longue controverse sans solution définitive tourna au détriment du syllogisme ; on commença à douter de sa puissance, en voyant qu'il ne produisait rien : c'était là le seul scepticisme possible, scepticisme de forme, puisque la scolastique était purement formaliste. Nous voyons ici les trois systèmes de la philosophie grecque représentés par le nominalisme, le réalisme et le décri de la forme syllogistique. Le mysticisme, que nous avons trouvé à la fin de la seconde époque, se produit ici dans la personne du chancelier de l'université de Paris, Jean Gerson, immortel auteur de l'*Imitation* et d'un traité de la *Théologie mystique*. Dans ces deux ouvrages, Gerson met le fondement de la science dans l'intuition immédiate de Dieu par l'âme. La théologie mystique n'est pas une science abstraite, c'est une science expérimentale; seulement elle ne se fonde pas, ni sur l'expérience physique, ni sur l'expérience rationnelle, mais sur une expérience singulière, savoir: sur la conscience d'un certain nombre de sentimens et de phénomènes qui sont naturellement dans l'âme humaine; elle se fonde sur des expériences qui se passent dans l'intimité de l'âme religieuse. Ces faits ne sont concluans que pour ceux qui les trouvent en eux-mêmes; pour les autres, ils sont comme non avenus et complètement inintelligibles. Le mysticisme échappe ainsi à l'observation vulgaire, et c'est pour cela qu'on peut, de la meilleure foi du monde, n'y voir qu'une sainte folie.

Nous voyons dans cette dernière époque la scolastique faire effort pour se débarrasser de ses entraves, et passer dans le champ de la véritable philosophie. Pendant les deux siècles suivans, le quinzième et le seizième, cette tendance fut favorisée par l'importation des philosophes grecs naturalisés en Europe, par les Grecs fugitifs de Constantinople. La découverte de l'imprimerie et de l'Amérique donnèrent en même temps un nouvel élan aux esprits que la réforme de Luther, opérée au commencement du seizième siècle, appelait à une complète indépendance. Le mouvement philosophique de ces deux siècles reproduit tous les systèmes de l'antiquité; le spiritualisme platonicien y trouve pour défenseurs Marsile Ficin, Pic de la Mirandole, Ramus ou Pierre Laramée, victime du sensualisme vindicatif de Charpentier, son collègue et son rival, et Jordano Bruno. L'école sensualiste, qui relève d'Aristote, fleurit en Italie sous Pomponat, Achillini, Vanini et

Campanella. Le scepticisme, qui se rattache à Pyrrhon, est représenté par Montaigne et Charron, tandis que le mysticisme issu de Platon se relie à l'école d'Alexandrie, et compte d'illustres partisans. Mais, comme nous l'avons dit, toutes ces écoles se rattachent à la philosophie antique, dont elles sont une sorte d'imitation classique. La philosophie moderne n'existe pas encore; pour qu'elle se produise, il faut que sa méthode soit trouvée; car il n'y a pas de nouvelle philosophie sans méthode nouvelle : il fallait attendre Bacon et Descartes.

XLVII.

Quelle est la méthode de Bacon? Donner une analyse du Novum Organum.

Vers la fin du seizième siècle et dans le cours du dix-septième, trois grands réformateurs viennent renouveler la face des sciences en dirigeant la marche de l'esprit humain : Bacon en Angleterre, Descartes en France, et Leibnitz en Allemagne. Bacon étudie la nature par l'expérience, Descartes médite et tire tout de ses propres idées, Leibnitz se place entre eux et lie les faits aux principes : Bacon apprend à mieux savoir, Descartes à mieux penser, Leibnitz à mieux déduire.

Bacon masque de son nom la régénération de la philosophie; voyant les sciences livrées au génie téméraire de la spéculation ou aux vues étroites de l'empirisme, il attribue l'impuissance et les témérités de l'esprit aux vices ou plutôt à l'absence de méthode : il crut donc qu'il fallait avant tout tracer la voie dans laquelle l'intelligence doit marcher. Un orateur philosophe a comparé Bacon à une de ces statues qui, placées sur les grandes routes, enseignent par où il faut marcher, mais qui restent immobiles; et Bacon dit lui-même : « Je ne me propose pas d'éclairer tel ou tel endroit du temple, je veux allumer un grand flambeau qui illumine tout l'édifice. »

Bacon montre d'abord qu'il est nécessaire de reconstruire l'édifice de l'esprit humain (1); il critique les philosophes et leurs systèmes : les uns armés du doute ont tout détruit ; les autres affirmant légèrement ont donné de faux principes à la science. La philosophie des écoles ne contribue ni au bonheur des individus ni à l'amélioration de la société. Les méthodes péchent par deux excès, ou c'est un empirisme aveugle qui s'arrête a quelques faits et ne sait pas généraliser, ou c'est une spéculation téméraire (2) qui s'élance aux notions les plus générales sans avoir parcouru les degrés intermédiaires qui doivent y conduire. On prend pour guide une logique dangereuse, qui se borne au mécanisme du langage et à l'arrangement des mots ; mais les mots ne servent que comme signes d'idées, ils en sont la monnaie représentative : l'usage de cette monnaie ne peut donc

(1) Frustra magnum exspectatur augmentum in scientiis ex superinductione et insitione novorum super vetera : sed instauratio facienda est ab imis fundamentis, nisi libeat perpetuo circumvolvi in orbem cum exili et quasi contemnendo progressu. *Aphor.* XXXI.

(2) Adhuc res ita geri consuevit ut a sensu et particularibus primo loco ad maximè generalia advoletur, tanquam ad polos fixos circa quos disputationes vertantur viâ certè compendiariâ sed præcipiti ; et ad naturam imperviâ, ad disputationes verò acclivi et accommodatâ. *Novum Organum.*

que dégénérer en abus, si l'on n'en a pas auparavant déterminé avec exactitude la véritable valeur.

Il faut avant tout purger l'entendement des erreurs qu'il contient; or, ces erreurs découlent de deux principes : 1° du mauvais usage, 2° des vices même de l'intelligence. Les premiers tiennent à l'influence des préjugés populaires et des préjugés philosophiques : Bacon les appelle *idola fori*, et *idola theatri;* les autres tiennent à la nature propre de l'intelligence humaine et aux vices particuliers de l'intelligence individuelle : les unes sont nommées *idola tribûs*, les autres *idola specûs;* car l'intelligence reçoit les rayons des choses comme un miroir de surface inégale, qui les brise et les détourne, ou les absorbe en raison de ses saillies et de ses enfoncemens.

Ce n'est pas assez d'écarter les erreurs, il faut classer les objets de nos recherches. Bacon divise donc le vaste domaine des sciences et des arts, il en dresse la carte géographique ; il montre le rapport que chaque art et chaque science ont avec les diverses facultés humaines et leur génération dans l'entendement; il fixe les limites de chaque science, tout en montrant les rapports qui les confondent dans l'unité, et distingue les sciences naturelles des sciences de la raison.

Sa méthode est sage et réservée ; au lieu de se fonder sur les principes, elle examine les principes eux-mêmes. Cette méthode, sur laquelle doit reposer tout l'édifice, c'est l'observation des faits et l'induction qui les généralise discrètement en passant par tous les degrés de synthèse progressive; il faut comparer ces faits, les analyser, les mettre en ordre, noter leurs analogies et parvenir, par une abstraction graduelle, jusqu'aux lois les plus générales qui seules peuvent être les vérités, les axiomes propres à nous instruire; les sciences s'éleveront ainsi comme autant de pyramides dont l'expérience sera la base et dont les axiomes occuperont le sommet : la philosophie ne sera plus alors que l'interprétation de la nature.

Bacon rejette absolument le syllogisme, d'abord parce qu'il ne convient qu'à la déduction qui descend du général au particulier, et qu'il ne donne aucun moyen de s'élever du particulier au général, c'est-à-dire aux principes ; en second lieu, il ne lui accorde pas même, malgré sa rigueur apparente, le privilége de la déduction. Car, dit-il, le syllogisme se compose de propositions et les propositions de mots; or les mots sont les signes des idées, et si les idées ont été mal détachées des choses, les mots ne sont plus que des signes trompeurs dont l'usage est une source féconde d'erreurs et d'obscurités. Il faut donc en revenir à l'observation, prendre pied sur elle pour tirer, par l'induction, des faits bien observés avec réserve et graduellement, des principes peu étendus, et ne s'élever qu'en dernier lieu aux axiomes les plus généraux.

Cette méthode, Bacon l'appelle échelle ascendante; pour achever l'ouvrage, la raison doit composer une échelle descendante, se créer un instrument qui puisse féconder les principes, ramener la théorie à la pratique et la science à l'action. Cette méthode consistera à appliquer les axiomes généraux, à en déduire de nouveaux faits ; enfin à tourmenter la nature, à l'interroger par un art difficile, celui de faire des expériences (1), de les varier, de les transformer, de les associer : et c'est ainsi que la science se distinguera de l'empirisme.

Tel est le résumé de la méthode de Bacon. Nulle doctrine n'a été mieux et plus promptement justifiée par les faits. Éclairées par cette nouvelle lumière, les sciences prennent aussitôt un essor assuré : Galilée observe la vibration des pendules et l'accélération de la chute des corps ; Torricelli annonce la pesanteur de l'air ; Harvey, la circulation du sang, Boyle crée la physique expérimentale ; Halley donne la théorie des comètes ; le grand Newton décompose la lumière et annonce la loi de gravitation qui donne le système du monde : tout cela est le fruit de l'expérimentation et de la méthode d'induction recommandée par Bacon. Tous les progrès ultérieurs des sciences se rattachent à ce premier mouvement, et c'est à Bacon que l'on doit rapporter le principal honneur des progrès de l'esprit humain dans l'étude de la nature, puisqu'il a montré le premier que pour la vaincre, il fallait d'abord lui obéir : *Naturam sequi, quæ nisi parendo vincitur.*

(1) Experimentorum longe major est subtilitas quam sensûs ipsius, licet instrumentis exquisitis adjuti : de iis loquimur experimentis quæ ad intentionem ejus quod quæritur peritè et secundum artem excogitata et apposita sunt. *Nov. Org.*

XLVIII.

En quoi consiste la méthode de Descartes? Donner une analyse du discours de la méthode.

Descartes entreprit pour le monde de la pensée, ce que Bacon avait entrepris pour le monde physique ; Bacon poursuit le secret de Dieu dans l'étude de la nature, et il donne le moyen de l'interroger et de la contraindre à répondre ; Descartes prend son point d'appui dans l'intelligence, l'âme humaine lui donne l'âme divine, et à l'aide de cette notion sublime, il rétablit l'autorité des sens et de la raison. Le point de départ de la méthode cartésienne, c'est la pensée humaine : *cogito ergo sum* ; ce terrain est solide, car la pensée ne peut douter d'elle-même ; le doute implique un sujet doutant, et par conséquent l'existence. Si Dieu et la nature peuvent venir s'asseoir sur cette base, leur existence est également inébranlable. C'est ce que Descartes a tenté à l'aide de ce principe : que l'idée d'un être est la preuve de l'existence de cet être, quand l'existence est comprise clairement dans l'idée. Or l'idée de l'être nécessaire comprend l'existence ; car il y a contradiction entre la nécessité et la possibilité de ne pas être ; donc la seule conception de l'être nécessaire en prouve l'existence : or l'être nécessaire est parfait ; donc il est véridique, donc le monde extérieur auxquel nous croyons forcément, n'est ni une illusion ni une chimère : toute la philosophie de Descartes est là.

On sait que Descartes débuta par le doute : il voulut refaire à neuf son entendement ; mais après avoir fait table rase, il fallait reconstruire l'édifice selon certaines regles, et légitimer la marche ultérieure de l'intelligence : le traité de la méthode a pour but d'établir ces regles et de tracer cette marche.

Le traité de Descartes est intitulé : *Discours de la méthode pour bien conduire sa raison et chercher la vérité dans les sciences* ; il est divisé en six parties : 1° diverses considérations sur les sciences ; 2° principales règles de la méthode que l'auteur a cherchées ; 3° quelques règles de morale qu'il a tirées de la méthode ; 4° preuve de l'existence de Dieu et de l'immortalité de l'âme ; 5° ordre des questions de physique qu'il a cherchées, mouvemens du cœur, différences entre notre âme et celle des bêtes ; 6° quelles choses il croit être requises pour aller plus avant qu'il n'a été dans la recherche de la nature.

Nous n'analyserons ici que la seconde et la troisième parties de ce discours, parce que la première n'est qu'une introduction à la méthode, et que les trois autres en sont des applications particulières.

La seconde partie contient quatre règles :

1° Ne recevoir aucune chose que lorsqu'elle est marquée d'un caractère d'évidence, c'est-à-dire éviter soigneusement la précipitation et la prévention, et ne comprendre rien de plus dans les jugemens, que ce qui se présente si clairement et si distinctement à l'esprit, qu'on ne puisse le mettre en doute.

2° Diviser chacune de ces difficultés en autant de

parcelles qu'il se peut, et qu'il est requis pour les mieux résoudre.

3° Conduire par ordre ses pensées, en commençant par les objets les plus simples et les plus aisés à connaître, pour monter peu à peu comme par degrés, à la connaissance des plus composés, en supposant même de l'ordre entre ceux qui ne se précèdent point naturellement les uns les autres.

4° Faire partout des dénombremens si entiers et des revues si générales, qu'on puisse être assuré de ne rien omettre.

Ces règles consistent donc, 1° à ne reconnaître que l'évidence pour motif de jugement; 2° à analyser; 3° à procéder des élémens de l'analyse par une synthèse progressive à la synthèse définitive; 4° à faire des dénombremens parfaits.

La troisième partie contient les règles suivantes que Descartes s'était promis d'observer religieusement, jusqu'à ce qu'il eut formé scientifiquement sa morale: 1° se conformer aux lois et aux coutumes d'une nation, et travailler à les connaître et à en comprendre l'esprit; 2° éviter les vœux perpétuels; 3° à mesure qu'il découvrirait un principe de morale, y conformer sa conduite; 4° se soumettre à ce qu'il ne pourrait empêcher; 5° enfin, regarder la culture de sa raison comme la plus noble profession qu'il pût exercer sur la terre. Descartes haïssait les brouillons réformateurs d'états; pour lui il ne voulait que réformer ses pensées, encore ne conseillait-il à personne de l'imiter; mais en réformant ses pensées, il donnait de nouveaux mobiles à sa volonté; la réforme intellectuelle est l'antécédent de la réforme matérielle. Aussi Descartes, malgré son aversion pour les mouvemens tumultueux, est-il le promoteur des révolutions qui se sont opérées depuis dans le monde intellectuel, et par la force des choses dans le monde politique : si l'on veut que rien ne s'agite sur la terre, il faut renoncer à la pensée. Tout verbe se fait chair, c'est-à-dire que toute idée devient principe d'action. Descartes, en émancipant la philosophie de la tutelle théologique, et en substituant l'examen rationnel à l'autorité, même pour les matières religieuses, a préparé à son insu le grand mouvement philosophique du dix-huitième siècle, qui a passé dans l'ordre politique par la révolution. Nous sommes loin d'en faire un crime à ce grand génie; mais son exemple prouve que ceux-là se trompent qui pensent remuer les idées sans agiter le monde. Les philosophes sont humainement responsables de tous les changemens qui s'opèrent sous l'influence de leurs principes, et ce n'est pas sans raison que les despotes les regardent comme leurs ennemis naturels : au reste c'est là leur mission et leur gloire.

XLIX.

Faire connaître les principales Ecoles modernes, depuis Bacon et Descartes

La philosophie moderne est fille de Bacon et de Descartes : nous allons la voir se développer dans la double direction indiquée par ces grands génies. Quoique l'influence de Bacon ait surtout porté sur les sciences naturelles, elle s'est aussi étendue sur la philosophie ; et comme il n'avait reconnu d'autre source à nos connaissances que les sens (1), nous verrons son école produire naturellement le sensualisme et le matérialisme ; celle de Descartes enfantera de son côté l'idéalisme et le mysticisme.

Nous diviserons la philosophie moderne en deux époques, le dix-septième et le dix-huitième siècles.

Ecole de Bacon au dix-septième siècle.

Les premiers disciples de Bacon furent Hobbes et Locke en Angleterre, et Gassendi en France.

Thomas Hobbes, ami de Bacon, entra dans ses vues, poursuivit ses idées avec plus de rigueur et de conséquence, et en forma une doctrine matérielle ; il définit la philosophie, la connaissance obtenue par un raisonnement exact des effets ou phénomènes d'après leurs causes présentes, ou des causes possibles d'après leurs effets présens. L'objet de la philosophie est tout corps conçu comme susceptible d'engendrer un effet, et d'offrir une composition et une décomposition (2). Cette définition, où nous voyons les données des sens comme le point de départ unique, et le raisonnement comme seule méthode, nous montre ce que la philosophie devait devenir aux mains du logicien le plus rigoureux qui ait jamais raisonné. Au reste, Hobbes n'a reculé devant aucune des conséquences de ses principes ; savoir : le matérialisme en psychologie, le fatalisme en morale, et le despotisme en politique : ces conséquences extrêmes n'arrivent ordinairement qu'à la longue ; mais Hobbes, par la rigueur

(1) Sensus, à quo omnia in naturalibus petenda sunt, nisi forte libeat insanire. BACON.

(2) TENNEMANN, *Histoire de la Philosophie.*

de sa logique et la fermeté de son esprit, a conduit du premier bond le système à ses limites.

Locke alla beaucoup moins loin que Hobbes. La pureté de ses principes et la réserve un peu timide de son jugement l'arrêtèrent sur la pente du matérialisme ; mais il lui donna accès par un soupçon que son école changea plus tard en affirmation. Il n'est pas impossible, avait-il dit, que le Créateur doue la matière de la faculté de penser ; il n'est pas impossible que la matière pense : donc elle pense, dirent Helvétius et Lamettrie. Locke raconte qu'il fut conduit à entreprendre son essai de l'entendement humain, à la suite d'une discussion sans solution qui lui avait donné à penser que cette impuissance de s'entendre, en se servant des mêmes mots, tenait à la constitution même de l'intelligence. Bacon avait déjà affirmé ce que Locke mettait en question : *Intellectus ad errorem longe proclivior esse deprehenditur quam sensus*, et il ajoutait : *Vis ista mentis insidiatrix notetur ac convincatur* ; cette dernière phrase est comme un commandement, dont le Traité de Locke n'est que l'exécution.

Gassendi est l'érudit de l'école sensualiste, dont Locke est le métaphysicien, et Hobbes le publiciste. Il se rattache à Bacon qu'il cite souvent ; mais il renouvela en la modifiant la théorie atomistique de Démocrite et d'Epicure. Gassendi fut de son temps le plus savant parmi les philosophes, et le plus habile philosophe parmi les savans ; il entreprit de défendre et d'apprécier avec plus d'impartialité qu'on ne l'avait fait jusqu'à lui, la philosophie d'Epicure ; il se signala par ses vues nouvelles en mathématiques, en physique et en philosophie, portant dans tous ces travaux un grand jugement et une instruction solide (1). L'épicuréisme de Gassendi fut la philosophie de Ninon de l'Enclos et de la société du Temple, qui préparèrent les orgies de la régence. Gassendi a laissé une logique fort estimée, divisée en quatre parties comme celle de Port-Royal.

Berkeley, élève de Locke, déduisit l'idéalisme de la doctrine de son maître, et il le fit logiquement, puisque celui-ci, en prétendant que nous ne connaissions le monde sensible que par l'*idée* sensible, dépouillait les sens eux-mêmes de toute autorité.

Ecole de Descartes au dix-septième siècle.

Le juif Benoit Spinosa entra dans la route spéculative de l'école cartésienne, avec toute la puissance d'un génie original et d'une pénétration profonde. Prenant pour point de départ la notion de l'être infini, qu'il considéra sous le point de vue de la substance, il conclut facilement qu'il n'y a qu'une seule substance, et que tous les phénomènes n'ont de substance que dans leur rapport avec le tout; d'où il conclut que Dieu est tout, et que tout est Dieu. Les phénomènes finis ne sont que des apparences dont la réalité est dans l'infini. Les adversaires de Spinosa l'accusèrent d'athéisme et de matérialisme, et ces accusations pèsent encore sur lui; cependant son système, bien compris, est plutôt un panthéisme idéaliste : pour lui l'étendue n'est qu'une apparence de la substance, et l'esprit en est la réalité. Ce qui a pu donner quelque poids aux imputations de ses adver-

(1) TENNEMANN.

saires, c'est que son Dieu, sa substance infinie dans son activité nécessaire, a dû produire, de toute éternité, le monde qui le manifeste. La nature est contemporaine de Dieu, dont elle n'est que l'apparence sensible.

« Nicolas Malebranche (1), père de l'Oratoire, génie profond, et le plus grand métaphysicien que la France ait produit, développa les idées de Descartes avec originalité, en les reproduisant sous les formes les plus claires et les plus animées ; mais son tour d'esprit, éminemment religieux, lui fit donner à sa philosophie un caractère mystique ; la théorie de la connaissance, celle de l'origine des erreurs, surtout des erreurs qui tiennent aux illusions de l'imagination ; enfin, la méthode pour bien conduire notre pensée : telles sont les parties dont il a traité avec le plus de succès. Malebranche admet la théorie de la passivité de l'entendement et de la liberté de la volonté ; il considère l'étendue comme l'essence des corps, l'âme comme une substance essentiellement simple, et Dieu comme le fond commun de toute existence et de toute pensée ; ces doctrines l'amenèrent à combattre les idées innées par des objections pleines de force, et à soutenir que nous voyons tout en Dieu. Dieu est l'infini de l'espace et de la pensée ; le monde intelligible est le lieu des esprits, comme l'espace est le lieu des corps. A ces idées, qui sont assez rapprochées du spinosisme, se rattache étroitement la doctrine des causes occasionelles, d'après laquelle il n'accorde aux corps et aux âmes qu'une capacité passive, et considère Dieu comme l'unique

(1) TENNEMANN.

cause fondamentale de tous les changemens qu'ils subissent. » Son grand ouvrage de la recherche de la vérité, est un des plus beaux monumens de la philosophie.

C'est avoir profité que de savoir s'y plaire.

Arnauld, Nicole, Pascal, Bossuet, Fénélon et tous les grands génies du siècle de Louis XIV, sont des disciples de Descartes.

Nous trouvons, à cette époque, le scepticisme représenté par Lamothe-Levayer, Huet, évêque d'Avranches, et Pascal, qui s'en servirent au profit de la foi religieuse, et Bayle, qui en fit un instrument d'indépendance, et le mysticisme mis en honneur par Van-Helmont (1), Pordage (2) et Poiret (3). Swedenborg, qui a fondé une sorte de religion, dont les sectateurs sont assez nombreux en Amérique, appartient au siècle suivant.

Godefroy Guillaume, baron de Leibnitz, né le 21 juin 1646, et mort le 14 novembre 1716, clôt le dix-septième siècle par une puissante tentative de conciliation entre tous les systèmes ; il essaya de fondre dans un système unique, le sensualisme et le spiritualisme, Bacon et Descartes. Le développement de son esprit en mille sens divers, fut secondé par une lecture et une correspondance immense, par les succès qu'il obtint de bonne heure, par ses voyages, particulièrement à Paris et à Londres ; enfin, par ses

(1) Né en 1618, mort en 1699. Le plus célèbre de ses ouvrages est intitulé : *Seder Olam, sive ordo sæculorum, hoc est Historica enarratio doctrinæ philosophicæ per unum in quo sunt omnia.*

(2) Prédicateur et médecin anglais, mort en 1698.

(3) Né à Metz en 1642, mort en 1719.

liaisons avec les savans, les hommes d'état et les princes les plus illustres de son temps. Son système est un panthéisme qui n'est ni matérialiste, ni idéaliste, mais dynamique. Le monde est composé de monades ou forces unitaires, qui coexistent et s'agrègent, sans s'unir, en vertu d'une harmonie préétablie, qui a sa raison dans la monade des monades, ou Dieu qui est la force causatrice et substantielle de toutes les monades secondaires. Ces monades ne sont pas identiques, les unes subsistent sans aperception (corps inertes), les autres avec aperception (âmes), avec conscience obscure de leurs aperceptions (âmes des bêtes), avec conscience claire (âmes raisonnables ou esprits). Les corps des animaux se composent de monades sans aperception, groupées et organisées autour d'une monade, avec aperception, qui en est le centre. Les monades inertes composent la matière, et les esprits sont des monades actives; mais comme les monades n'ont point d'influence physique l'une sur l'autre, il s'ensuit que l'âme n'agit pas directement sur le corps, et que les deux systèmes ne sont unis et ne fonctionnent qu'en vertu de la force unique, la monade des monades, ou Dieu (1).

L'illustre Wolff a été en Allemagne le continuateur et l'apôtre de la philosophie de Leibnitz; il est le premier philosophe qui ait tracé une encyclopédie complète des sciences philosophiques, et qui l'ait en grande partie réalisée.

(1) Pour bien connaître Leibnitz, qui n'a donné nulle part une exposition complète de toutes les parties de son système, il faut lire l'article de M. Maine de Biran, dans la *Biographie universelle*.

Dix-huitième-siècle. — Ecole Française.

L'école française est représentée, au dix-huitième siècle, par Condillac, qui prétendit ramener toutes les facultés actives de l'âme à la sensation ou à la sensibilité, au moyen du principe de la transformation des sensations. Selon lui, la formation et le perfectionnement du langage, auquel il donna pour origine les mouvemens spontanés du plaisir et de la peine, sont le moyen par lequel toute science se développe. Il s'attache à ramener toutes les sciences à leur expression la plus simple, et croit pouvoir les traiter suivant la méthode des mathématiques. En même temps, ce philosophe confond les maximes de l'expérience et de la spéculation, regardant comme le résultat le plus parfait de la science, la déduction, qui fait de toutes nos idées autant de conséquences d'une seule proposition identique, et admettant l'existence des corps au nombre des faits primitifs. Avec lui, Charles-Bonnet de Genève, qui partit comme lui de l'hypothèse d'une statue qui reçoit successivement les différens sens, rendit beaucoup de services à la psychologie. Il n'était point défavorable au matérialisme, et admit une certaine affinité entre l'âme des hommes et celles des animaux. D'autres hommes poursuivirent avec plus de suite et d'audace, dans le sens de l'athéisme et du matérialisme, les conséquences du système sensualiste, par rapport à l'âme et à la morale ; ce furent entre autres Lamettrie, homme d'un caractère décrié, qui prétendit expliquer l'âme et tous ses effets comme un pur mécanisme ; Helvétius, qui ramène tout à la perception sensible, et considère la notion de l'infini comme une simple négation; et l'auteur du fameux *Système de la nature*, qu'on croit être La Grange ou le baron d'Holbach.

Voltaire, Diderot et d'Alembert prirent part au mouvement philosophique, et s'efforcèrent de faire prévaloir la liberté de penser. Toutefois ils ne mirent en crédit que des doctrines sans valeur philosophique, se bornant à combattre toute religion positive comme une imposture des prêtres. Leur but était la destruction dans une vue d'avenir indéterminée, et les armes qu'ils employèrent les servirent merveilleusement. J.-J. Rousseau, malgré la pensée religieuse qui l'anima, fit plus de mal que de bien, par des déclamations paradoxales, mêlées à de bonnes intentions.

Ecoles Anglaise et Ecossaise.

En Angleterre, l'esprit de Bacon continua de dominer. Le médecin David Harley, dont le caractère, sous les rapports religieux et moraux, présente beaucoup d'analogie avec celui de Bossuet, suivit dans le point de vue exclusivement matérialiste, les recherches psychologiques de Hume. Après lui, David Hume, né à Édimbourg en 1711, suivant la route tracée par Locke, arriva à ce résultat sceptique, qu'il ne saurait y avoir une connaissance objective philosophique, et que nous sommes réduits à notre conscience, aux phénomènes qui passent devant elle et aux relations purement subjectives. Il tourna spécialement ses objections contre l'existence de Dieu, la Providence, les miracles, l'immortalité de l'âme, et soutint que ces croyances ne sont garanties par aucun fondement solide. Ce scepticisme présenté avec beaucoup d'art, de clarté et d'élégance, fit beaucoup de sensation, et suscita l'école écossaise, proprement dite, qui entreprit de revendiquer les droits du bon sens, et de lui donner accès dans la science à côté de l'expérience et de la spéculation. Le chef de cette école, Thomas Reid (1), esprit sincèrement dévoué à la recherche de la vérité, reconnut certains principes de la connaissance humaine comme indépendans de l'expérience, et donna pour fondement à la philosophie les principes du sens commun qu'il énuméra(2). Il crut voir dans l'hypothèse des idées intermédiaires la source de tous les débats philosophiques sur l'origine des connaissances humaines, et il les rejeta absolument. Hutcheson, que l'on regarde comme le fondateur de l'école morale écossaise, est antérieur à Reid; il a placé le principe des devoirs dans les affections désintéressées. L'école écossaise est plus remarquable par sa sagesse que par sa profondeur. Les travaux de Reid et de Dugald Steward ont beaucoup influé sur la direction actuelle des études philosophiques. M. Royer-Collard leur a donné une grande importance, en les prenant pour base de son enseignement.

École Allemande.

Après Leibnitz et Wolff, la philosophie eut en Allemagne, pour principaux représentans, Kant (1), Fichte et Schelling, que l'ouvrage de madame de Staël

(1) M. Jouffroi a donné en 6 volumes, une excellente traduction des OEuvres de ce philosophe.

(2) Il en compte douze.

(1) Emmanuel Kant, né à Kœnigsberg, le 22 avril 1724, J mourut le 12 février 1804.

a fait connaître en France. Le système de Kant a été exposé depuis par M. Stapfer, dans une notice fort remarquable de la Biographie universelle. Le nom de Kant a été popularisé chez nous par M. Cousin; toutefois son système n'est pas suffisamment connu dans son ensemble, et les parties qui en ont été mises en lumière ne sont pas complètement irréprochables. Ainsi, il a considéré le temps et l'espace comme des formes de l'entendement, quoiqu'ils soient évidemment objectifs. Au reste, quelle que soit la valeur réelle de son système, il fut, dit Tennemann, le second Socrate qui, par une méthode nouvelle, ranima l'esprit de recherche, lui apprit à s'orienter, et fit entrer la raison dans une voie scientifique, en lui apprenant à se connaître lui-même. Un amour constant de la vérité, joint aux plus pures dispositions morales, était l'âme de son génie philosophique, qui réunissait à un degré éminent l'originalité, les forces, la profondeur et la sagacité : son système a pris le nom d'Idéalisme critique.

J. Gottlieb Fichte, né le 19 mai 1762, à Ramenau dans la haute Lusace, est mort à Berlin le 29 janvier 1814. Ce philosophe entreprit d'élever la philosophie critique au rang des sciences exactes fondées sur l'évidence, d'en bannir à jamais tout sujet de disputes et de terrasser ainsi le scepticisme. Tel avait été le programme de Leibnitz. De là sa *Doctrine de la science* : « Fichte commence (1) par expliquer ce que c'est que la science : c'est, dit-il, un système de connaissance déterminé par un prin-

(1) Ceci est transcrit de Tennemann, traduction de M. Cousin, vol 11, pag. 274.

cipe supérieur, lequel exprime la valeur et la forme de notre savoir. La doctrine de la science est celle qui expose la possibilité et la validité de toute science, qui démontre la possibilité des principes quant à leur forme et à leur valeur, enfin qui démontre les principes eux-mêmes, et par-là l'ensemble et l'harmonie de tout le savoir humain. Cette doctrine doit avoir un principe qui ne relève d'aucune autre science, car la doctrine de la science est par elle-même la plus élevée de toutes les sciences; elle est en soi, elle se pose elle-même comme possible et comme valable; elle est, parce qu'elle est. Par une double conséquence, formant un cercle inévitable, si la doctrine de la science existe, il existe aussi un système; et s'il existe un système, il existe aussi une doctrine de la science et un principe premier et absolu. »

Frédéric-Guillaume-Joseph de Schelling, auteur du système de l'identité absolue, appartient au dix-neuvième siècle.

Nous terminons ici cette revue rapide qui nous a montré la philosophie au dix-huitième siècle, entrant dans toutes les voies exclusives qui l'avaient égarée aux époques précédentes. La méthode du dix-neuvième siècle, moins aventureuse, parait devoir prévenir les écarts de l'esprit de système; l'analyse et la synthèse s'y produisent sans s'exclure, et on peut espérer qu'elle se résoudra dans un système qui justifiera le bon sens aux dépens de la philosophie des siècles passés.

L.

Quels avantages peut-on retirer de l'Histoire de la Philosophie elle-même ?

L'histoire des idées comme celle des faits, est la leçon du passé au présent et à l'avenir. Nous avons vu que tous les systèmes philosophiques avaient leur principe dans une certaine vue de l'esprit, et que selon que cette vue était plus ou moins exclusive, elle conduisait à des erreurs plus ou moins graves dans ses développemens ultérieurs. Assis sur une base trop étroite, l'édifice que l'on construit devient moins solide à mesure qu'il s'élève, et s'écroule avec fracas avant que l'architecte ait pu placer la clef de la voûte.

En suivant les différentes phases d'un système, nous avons toujours vu qu'il devenait plus exclusif en passant du maître à ses disciples; ainsi le spiritualisme dégénère en idéalisme, le sensualisme en matérialisme, le scepticisme en nihilisme, et le mysticisme se perd dans les folies de la magie et du somnambulisme. La cause de cette marche fatale est dans la nature même de l'esprit, et dans la méthode suivie par la plupart des philosophes. L'intelligence de l'homme ne saisit ni tous les élémens d'un objet, ni au même degré ceux qu'elle embrasse ; l'attention se porte spécialement sur un point qui domine l'ensemble de la conception et qui lui donne son unité. Le premier auteur du système a pris ses idées dans la nature, d'après ce procédé familier de notre intelligence ; mais comme il travaillait sur la nature, son œuvre en conserve l'empreinte. Les disciples procèdent de la même manière, non plus en présence de la réalité, mais du système ; ils le comprennent selon la nature de leur esprit ; et comme ils ne peuvent pas saisir l'ensemble, ils s'attachent à l'idée dominante, à celle que la raison a mise en relief ; ce qui l'entoure, en la modifiant disparaît peu à peu, et après quelques générations de philosophes, le principe dominant du système en devient le principe unique. Le premier système était une abstraction de la nature, abstraction imparfaite ; le second est une abstraction du système, et ainsi des autres. C'est ainsi qu'en poésie Virgile a produit Stace, et Racine, Campistron, et Campistron, Duché ou Lafosse.

De ce double fait, savoir, que les systèmes primitifs ont été produits par une vue exclusive des choses, et les systèmes ultérieurs par une vue exclusive des systèmes primitifs, que pouvons-nous conclure au profit de la méthode à suivre ? Nous concluons, 1° qu'il faut, suivant la règle de Descartes, faire des dénombremens entiers en présence de la réalité, c'est-à-dire s'assurer, avant de procéder à une synthèse, que l'on possède tous les élémens du tout qu'on veut recomposer ; 2° qu'il faut étudier la nature, non dans les systèmes, mais dans la nature elle-même.

Tous les systèmes ont abouti à l'absurde, parce qu'à leur point de départ ils n'avaient pas tenu un compte exact des sources de nos connaissances, soit en les omettant soit en les subordonnant ; il faut donc les constater toutes, en établir rigoureusement la relation, et se garder de les absorber l'une dans l'autre avant d'avoir une somme de faits qui légitime une synthèse définitive. C'est ainsi que les physiciens ont procédé pour l'électricité, le galvanisme et le magnétisme, qui ont été des fluides distincts aussi long-temps que les faits n'ont pas suffi à l'induction pour en affirmer l'identité. Nous connaissons par la conscience, par les sens, par la raison et même par cette sorte d'intuition qu'on appelle mystique. La philosophie doit conserver ces divisions, étudier et classer les faits qui s'y rattachent, et suspendre son jugement jusqu'à ce qu'on soit assuré que tous les faits sont connus; en attendant elle peut se donner le passe-temps des théories provisoires, sauf à les voir se briser comme des bulles de savon, quand le vrai mot de l'énigme sera trouvé. Nous l'avons dit en commençant; la philosophie sera au terme de sa tâche quand elle aura donné raison au bon sens : elle y travaille.

L'histoire de la philosophie est le complément naturel de la philosophie, elle lui rend les lumières qu'elle en reçoit; sans la philosophie, l'histoire de la philosophie n'est qu'un labyrinthe inextricable; sans l'histoire de la philosophie, la philosophie, condamnée aux mêmes erreurs, tournerait éternellement dans un cercle vicieux.

FIN.

TABLE.

INTRODUCTION.

1. Objet de la Philosophie. — Utilité et importance de la Philosophie. — Ses rapports avec les autres sciences. *pag.* 1

2. Des Méthodes différentes qui ont été suivies jusqu'ici dans les recherches philosophiques. — De la vraie Méthode philosophique. 4

3. Division de la Philosophie. — Ordre dans lequel il faut en disposer les parties. 10

PSYCHOLOGIE.

4. Objet de la Psychologie. — Nécessité de commencer l'étude de la Philosophie par la Psychologie. — De la Conscience et de la certitude qui lui est propre. 12

5. Des Phénomènes de conscience, et de nos idées en général. — De leurs différens caractères et de leurs diverses espèces. — Donner des exemples. 17

6. De l'origine et de la formation des idées. — Prendre pour exemples quelques-unes des plus importantes de nos idées. 21

7. Donner une théorie des facultés de l'âme. — Qu'est-ce que déterminer l'existence d'une faculté ? 28

8. Sensibilité. — Son caractère. — Distinguer la sensibilité de toutes les autres facultés, et marquer sa place dans l'ordre de leur développement. 34

9. De la faculté de connaître, ou de la raison. — Caractère propre de cette faculté. 40

10. Des facultés qui se rapportent à la faculté générale de connaître. — De la conscience. — De l'attention. 43

11. De la Perception extérieure. 47

12. Du jugement. — Du raisonnement. 54

13. De l'abstraction. — De la génération. 58

14. De la mémoire. — De l'association des idées. 65

15. De l'activité et de ses divers caractères. — De l'ac-

tivité volontaire et libre. — Décrire le phénomène de la volonté et toutes ses circonstances. *pag.* 74
16. Démonstration de la liberté. 78
17. Du moi ; de son identité ; de son unité. 82
18. De la distinction de l'âme et du corps. 86

LOGIQUE.

19. De la Méthode. — De l'Analyse, et de la Synthèse. 89
20. De la définition ; de la division, et des classifications. 93
21. De la certitude en général et des différentes sortes de certitude. 99
22. De l'analogie. — De l'induction. — De la déduction. 104
23. Autorité du témoignage des hommes. 109
24. Du raisonnement et des différentes formes. 112
25. Des sophismes, et des moyens de les résoudre. 119
26. Des signes et du langage dans leur rapport avec la pensée. 127
27. Caractères d'une langue bien faite. 133
28. Des causes de nos erreurs, et des moyens d'y remédier. 138

MORALE ET THÉODICÉE.

29. Objet de la Morale. 141
30. Des divers motifs de nos actions. Est-il possible de les ramener à un seul ? Quelle est leur importance relative. 143
31. Décrire les Phénomènes moraux sur lesquels repose ce qu'on appelle conscience morale, sentiment ou notion du devoir, distinction du bien et du mal, obligation morale. 146
32. Du mérite et du démérite. — Des peines et des récompenses. — De la sanction morale. 150
33. Division des devoirs. — Morale individuelle, ou devoirs de l'homme envers lui-même. 154

34. Morale sociale, ou devoirs de l'homme envers ses semblables. 1° Devoirs envers l'homme en général ; 2° Devoirs envers l'état. *pag.* 159

35. Enumération et appréciation des différentes preuves de l'existence de Dieu. 167

36. Des principaux attributs de Dieu ; de la divine Providence, et du plan de l'univers. 175

37. Examen des objections tirées du mal physique. 179

38. Examen des objections tirées du mal moral. 182

39. Destinée de l'homme. — Preuves de l'immortalité de l'âme. 185

40. Morale religieuse, ou devoirs envers Dieu. 192

HISTOIRE DE LA PHILOSOPHIE.

41. Quelle méthode faut-il appliquer à l'étude de l'Histoire de la Philosophie. 196

42. En combien d'époques générales peut-on diviser l'Histoire de la Philosophie. 202

43. Faire connaître les principales écoles de la Philosophie grecque avant Socrate. 205

44. Faire connaître Socrate, et le caractère de la révolution philosophique dont il est l'auteur. 216

45. Faire connaître les principales Ecoles grecques, depuis Socrate jusqu'à la fin de l'école d'Alexandrie. 219

46. Quels sont les principaux philosophes scolastiques. 228

47. Quelle est la méthode de Bacon ? Donner une analyse du *Novum Organum*. 235

48. En quoi consiste la méthode de Descartes ? Donner une analyse du *Discours de la Méthode*. 240

49. Faire connaître les principales Ecoles modernes, depuis Bacon et Descartes. 243

50. Quels avantages peut-on retirer de l'Histoire de la Philosophie elle-même. 250

www.ingramcontent.com/pod-product-compliance
Lightning Source LLC
Chambersburg PA
CBHW070622170426
43200CB00010B/1885